AF222827

wortweit-Verlag

Foto: Franz Zwerschina

Franz Zwerschina,

geboren am 25. Juni 1982 in Salzburg, ist leidenschaftlicher Autor und Leser. Das Schreiben von Geschichten begeistert ihn, seit er in jungen Jahren „Wir Kinder aus Bullerbü" von Astrid Lindgren gelesen hat. Später hat er alles von Jack London, Umberto Eco und J. R. R. Tolkien verschlungen, um dem Geheimnis „guten Schreibens" auf die Schliche zu kommen. Er liebt das sogenannte „World building", also das Erfinden von neuen Welten, in die Kinder mit allen Sinnen eintauchen können. Außerdem macht er interaktive Lesungen an Schulen, liebt Kamishibai-Theater und tritt für eine verpflichtende Medienkompetenz ab der Volksschule ein. Wenn er mal nicht schreibt oder liest, erfindet er Brettspiele, fotografiert gerne und spielt Dark Souls.

Foto: Maja Hübener

Maja Hübener

ist eine vielseitige Künstlerin aus Berlin, die am liebsten mit Tinte und Aquarell ihre Ideen zum Leben erweckt. Momentan lebt sie in Portugal für ihren Master in Meeres- und Küstensystemen und arbeitet gleichzeitig als Illustratorin. Mit Erfahrungen und Fähigkeiten in verschiedenen Kunstformen, darunter Zeichnen, Skulpturen erschaffen, Tanzen und mit der Harfe musizieren, bringt Maja eine breite Palette an Fähigkeiten und Perspektiven in ihre Illustrationen ein. Auch das wissenschaftliche Arbeiten aus dem Bachelorstudium der Physik sowie ihr Interesse für Biologie findet sich in vielen Illustrationen wieder.

JULE

NUSSBAUM

Die Schule am anderen Ende der Welt

von Franz Zwerschina
illustriert von Maja Hübener

2. Auflage

Copyright © 2024 wortweit-Verlag, Wien

Alle Rechte vorbehalten

Lektorat: Dr. Lotte Husung

Cover: Franz Zwerschina

Illustration: Maja Hübener

Satz: Franz Zwerschina

Druck: Ferdinand Berger & Söhne GmbH

Printed in Austria

ISBN 978-3-903326-34-7

www.wortweit-verlag.at

Frühe Skizze

Danke an ...

Nadine Schwab für die Motivation,
Tamara Leonhard für die vielen tollen Tipps,
Maja Hübener für die grandiosen Illustrationen,
die ganze wortweit-Familie,
meine Familie, Freunde und Bekannten,
die meine Welt schöner machen.

Lese-Quests
(für alle Leseratten und Schmökerraupen)

Dieses Buch enthält sogenannte **Lese-Quests**, die du im hinteren Bereich des Buches entdecken kannst. Diese Abschnitte sind für die Hauptgeschichte nicht unbedingt notwendig, geben dir aber einen noch tieferen Einblick in die Geschichte von Jule und Sedric. Du erfährst mehr über Sedrics Kopfkino und lauschst Gesprächen zwischen Jule und Sedric.
Du kannst diese **Lese-Quests** sofort bei den entsprechenden Hinweisen (!) im Buch lesen.

Ach ja, und noch was …

Bücher sind pflegeleicht. Sie brauchen keine Nahrung, keine Sonne und keinen warmen Platz am Ofen so wie Katzen oder Hunde. Sie sind außerdem stubenrein, machen keinen Lärm und man muss sie nicht an der Steckdose aufladen. Das Einzige, was sie brauchen, ist **JEMAND**, der sie liest und sich von ihrer Geschichte verzaubern lässt.
Weißt du was? Ich habe meine Bücher immer vollgekritzelt. Ja! Keines meiner Bücher hat das Lesen heil überstanden. Du solltest einmal die Seiten sehen! Richtige Kunstwerke sind das.

Auf jeder freien Fläche Zeichnungen, Comic-gesichter, unterstrichene Wörter, Rübennasen, Strichmännchen und Tintenraupen, die quer über die Seiten krabbeln. Erwachsene können das meistens gar nicht leiden. Sie sagen: »Pass auf, dass dein Buch keine Eselsohren bekommt. Sei vorsichtig, damit du keine Limo über die Seiten schüttest. Benutze das Lineal, wenn du einen Satz unterstreichst!«

Aber dieses Buch gehört DiR. Dir ganz alleine. Du darfst es nach Herzenslust beschmieren und vollkritzeln. Wenn du willst, kannst du jetzt sofort ein riesiges Eselsohr hineinknicken. Ach was, falte ein richtiges Elefantenohr auf diese Seite.

Es ist allein dir überlassen.
Viel Spaß wünscht dir
Franz

Und jetzt geht es los mit dem Abenteuer …

Inhalt

Alles auf Anfang!

Der ganze Schlamassel fing an, als ich mit meinen Eltern von einem Tag auf den anderen aus der Stadt fortziehen musste. Plötzlich hieß es: »Ach ja, Sedric, übrigens, dein Papa hat eine neue Arbeit angenommen und wir ziehen um!« Was??? Mich fragte natürlich niemand nach meiner Meinung und WIE ICH DAS FINDE. Nämlich richtig **UNCOOOOOL**.

In der Stadt hatte ich mit Gregor und Ole zwei richtig klasse Freunde, mit denen ich durch dick und dünn gehen konnte! Unsere Wohnung war megagemütlich und der **Spielzeugladen** war nur zwei Minuten von meiner Haustür entfernt. Und jetzt hieß es plötzlich: Umzug!!! Weg von allem, was ich kannte und mochte!

Und das nur, weil Papa eine neue Arbeitsstelle bekommen hatte. Ihr müsst wissen, mein Papa ist einer der wenigen Menschen auf diesem Planeten, die sich mit Grottenolmen beschäftigen. Das sind winzige, drachenartige Tierchen, die tief versteckt in Höhlen und Felsspalten leben und über hundert Jahre alt werden können.

Letztes Jahr fuhr Papa mit uns deswegen mal nach Azwang – ein kleines Dörfchen irgendwo in der Pampa. Dort gibt es jede Menge Höhlen, in denen Grottenolme leben. Außerdem gibt es dort auch ein spezielles Forschungsinstitut, das Papa dann gefragt hat, ob er nicht bei ihnen arbeiten möchte. Tja, und dann mussten wir umziehen. Nach Azwang, ins **langweiligste** Kaff der Welt.

Auf eine neue Schule zu kommen ist ganz klar das Schlimmste, was einem passieren kann. Schlimmer als Erwachsenennachrichten im TV zu gucken oder Klamotten tragen zu müssen, auf die man keinen Bock hat.

Wie soll man denn als Neuling in so einem Kaff Freunde finden? Also mein Cousin Hennes, der lebt in so einem **Kuhdorf**. Und als ich ihn einmal in den Sommerferien besuchte, kam ich mir wie ein Ausgestoßener vor. Alle starren dich an, weil du andere Wörter benutzt, andere Hobbys hast oder das Cap verkehrt herum auf dem Kopf trägst. Ich meine, die Kinder kennen sich dort alle von klein auf. Die haben als Babys gemeinsam im Sandkasten gebuddelt, spielen später im selben Fußballverein und hängen den ganzen Tag auf dem Spielplatz miteinander ab. Wenn jemand von außen kommt (SO WIE ICH), dann ist das ungefähr so, wie wenn ein Pinguin in ein Löwengehege gestoßen wird.

»Und jetzt guck, wie du überlebst!«

Na ja, zumindest ein dickes Versprechen gab mir Papa vor dem Umzug. Am letzten Tag in der Stadtwohnung kam er in mein Zimmer, als ich gerade die letzten Sachen einpackte, und fragte:

»Hat dir Mama eigentlich von unserer Idee erzählt?«

Natürlich wusste ich von nichts. Ich erfahre ja alles immer als Letzter. Echt ätzend!

»Also, wenn du am Ende des Schuljahrs keine Vier im Zeugnis hast, dann BEKOMMST DU EIN HANDY. Na, wie klingt das?«
Ich musste zugeben, das klang ziemlich gut. Sogar astronautisch gut. Manchmal sind meine Eltern gar nicht so übel.

Dennoch bin ich überzeugt, dass meine ersten Wochen hier in Azwang für mich ziemlich düster geworden wären, wenn, ja wenn ich nicht **Jule Nussbaum** kennengelernt hätte. Das mit Abstand coolste Mädchen der Welt. Aber alles der Reihe nach. Beginnen wir mal an dem Tag, als ich meine alte Heimat hinter mir lasse ...

Auf ins Kaff!

Wir fahren noch vor Sonnenaufgang los, weil
Papa nicht in den Morgenverkehr kommen will.
Die Autofahrt aus der Stadt raus ist so ziemlich
das Traurigste, was ihr euch vorstellen könnt.

1. Lese-Quest: Abschied

Unser Wagen ist bis unters Dach mit Kisten,
Pappkartons, Taschen und sonstigem Kram
vollgestopft. Dazu kommen Papas Forschungs-
geräte, die im Anhänger hin und her purzeln.
Vier elend lange Stunden rollen wir über die
Autobahn, immer geradeaus, während
die MILDE HERBSTSONNE auf uns nieder-
guckt. Auf einer Rast-
stätte gibt es labbri-
ge Pizza, bevor wir
eine weitere Stunde
über eine holprige
Landstraße fahren.
Hier gibt es nur
noch Felder, Wälder und endlose Hügel. In der
Ferne erheben sich Berge, die wie gigantische
Steindrachen aussehen, die sich mal eben kurz
für ein Nickerchen niedergelegt haben.

Auf der linken Seite taucht ein kleiner See in der Nachmittagssonne auf. Papa gluckst vergnügt und fährt langsamer.

»Guck mal, Sedric. Dort oben leben die Grottenolme!«

Hinter dem See beult sich ein riesiger Hügel aus der Landschaft. Selbst von hier unten kann man die **Höhleneingänge** erkennen.

»Ist das schön hier!«, ruft Mama und zeigt auf einen Wasserfall, der vom Hügel herabtost.

»Willkommen in Azwang!«

Die Straße führt über eine Brücke und schon tauchen die ersten Häuser auf. Rechts ist in einiger Entfernung ein großes Backsteingebäude zu sehen, das von einer Grünfläche umgeben ist. Das ist bestimmt die Schule, schießt es mir durch den Kopf. Bevor wir unser neues Haus erreichen, hält Papa den Wagen im Dorfzentrum an und kramt die Landkarte aus dem Handschuhfach.

»Jetzt muss ich nur noch die richtige Straße finden.«

Er öffnet die Karte umständlich über dem Lenkrad und starrt auf *das Linienchaos.*

»Schon mal was von einem Navi gehört?«, frage ich. »Das geht tausendmal schneller.«

Papa bleibt unbeeindruckt.

»Ach, die gute alte Karte reicht doch.«
Ich drücke mich tiefer in den Autositz. Natürlich
habe ich null Bock, dass jemand sieht, wie ALT-
MODISCH mein Papa ist. Hallo, wir leben im
neuen Jahrtausend!
Jeder Mensch benutzt
heute ein Navi.

»Frag doch einfach
jemanden nach dem
Weg!«, meint Mama
und öffnet das Seiten-
fenster, obwohl keine
Menschenseele zu se-
hen ist.
Doch ihr kennt meinen
Dad nicht. Bei so was kann
er echt bockig sein.
»Ein VAN HET VELD kann jede Karte lesen!«, ruft
er angesäuert und hebt den rechten Zeigefinger.

Mama lässt das Fenster wortlos wieder nach
oben fahren und ächzt. Wir wissen, was das bedeutet. Immer wenn Papa unseren Nachnamen
VAN HET VELD ins Spiel bringt, ist Vorsicht ge-
boten.

In diesen Momenten brennt irgendeine Siche-
rung in seinem Kopf durch und er muss aller
Welt beweisen, dass er jedes Problem lösen
kann. Einmal hatte unsere Waschmaschine den
Geist aufgegeben. Mama wollte das alte Ding
sofort gegen eine neue austauschen, aber ...
NICHT mit Papa. Er holte seinen Werkzeugkas-
ten aus dem Keller und schraubte den ganzen
Nachmittag an dem alten Ding rum. Zumindest
anfangs! Nach einer halben Stunde schaute er
sich **YOUTUBE-VIDEOS** an, in denen selbster-
klärte Heimwerkerfreaks Dinge reparieren. Am
Ende hatten wir nicht nur eine kaputte Waschmaschine, sondern auch ein überschwemmtes
Badezimmer, weil Papa vergessen hatte, die
Wasserzufuhr abzustellen.
Papa ist noch immer mit seiner Landkarte be-
schäftigt, also luge ich vorsichtig aus dem Autofenster.

»Guck mal, Sedric«, murmelt Mama und reicht mir den letzten Butterkeks. »Hier gibt es sogar noch eine Telefonzelle!«

Tatsächlich: Auf dem Parkplatz steht die kleine Telefonzelle.

»Ist ja voll steinzeitlich«, motze ich. »Haben die keine Handys in dem Kaff?«

»Also, ich kenne mindestens einen Jungen, der kein Handy hat«, sagt Mama und grinst.

»Das ist so was von unfair«, sage ich trotzig und verschränke die Arme.

Dann fällt mein Blick auf ein paar Häuser, die sich hinter dem Autofenster aneinanderreihen. Ein bestimmtes Schaufenster zieht mich geradezu magisch an. Es liegt zwischen einem Friseur und einem Bäckerladen. Ich drücke mich gegen die Autoscheibe, um mehr zu erkennen. Über dem Schaufenster prangen die Worte »Spiel & Co«. Ich entdecke ein paar Brettspiele, ein altes  Schaukelpferd, Bücher, alte Puppen und zwei Modelleisenbahnloks, die halb aus ihrer Pappschachtel gucken.

Aber was sofort meine Aufmerksamkeit erregt, ist ein Stapel Comics, der dicht hinter dem Schaufenster liegt. Und ein Poster! Das zeigt einen Friedhof und einen Grabstein, vor dem sich eine Knochenhand aus der Erde wühlt. Volltreffer! Das sind bestimmt keine schnöden Superheldencomics oder so, sondern die beste Art von Comics, die es gibt: **Gruselcomics**.

2. Lese-Quest: Gruselcomics

Das Fensterglas ist staubig, aber der Laden ist einmal eindeutig ein Spielzeugladen gewesen. Vielleicht ist es hier in dem Kaff gar nicht mal so schlecht.

Da meldet sich Papa: »Ein VAN HET VELD KOMMT IMMER AN SEIN ZIEL«, und faltet grinsend die Karte zusammen. »Jetzt weiß ich, wo unser neues Haus ist.«

Also, diesen Laden muss ich mir auf jeden Fall näher ansehen, denke ich bei mir, während Papa das Auto über die holprigen Pflastersteine des Dorfzentrums steuert.

Das neue Haus

Nachdem wir ein paar Einfamilienhäuser und ein großes Backsteingebäude mit blauer Turmspitze passiert haben, schnaubt unser Wagen eine kurvenreiche Straße hoch. Papa klammert sich mit beiden Händen ans Lenkrad und grinst wie ein Rennfahrer, der eben entdeckt hat, dass sein Auto doch mehr PS unter der Haube hat als angenommen. Schließlich biegt er rechts ab und auf einer knirschenden Kiesstraße stellt er den Motor ab.

»Wir sind da!«

Das Haus kenne ich ja schon vom kurzen Besuch und den Fotos, die mir Mama in den letzten Wochen immer wieder gezeigt hat, um mir den Umzug schmackhaft zu machen. Es ist ein altes, zweistöckiges Holzhaus, das seine besten Tage eindeutig hinter sich hat. Die Fenster sind mit dunklen Holzflügeln verschlossen.

Eine kaputte Dachrinne ragt wie ein **Elefantenrüssel** aus der Hauswand. Ich gehe ein paar Schritte und entdecke einen verwilderten Garten, der ebenfalls zu unserem neuen Grundstück gehört. Dort wachsen Sträucher, Bäume und Unkraut wild durcheinander. Dazwischen liegt ein kleiner Tümpel voller giftgrüner Algen. Kein Fisch der Welt würde freiwillig dort schwimmen. Fehlen nur noch ein Gewitter und eine schwarze Katze, dann würde das Haus perfekt aufs Cover eines **Gruselcomics** passen. Und wisst ihr was: Ich finde das ziemlich cool. Ich meine, kennt ihr jemanden, der in einem richtigen Spukhaus wohnt? Kleiner Tipp: Er fängt mir S an und hört mit edric auf. Na?!

»Ich freu mich schon drauf, das alles auf Vordermann zu bringen«, ruft Mama strahlend und angelt den Eingangsschlüssel aus einem Briefumschlag.

Die Tür schwingt quietschend auf und ein muffiger Geruch weht uns entgegen.

»Ich liebe den Geruch alter Häuser«, schwärmt Papa und eilt mit zwei Kartons beladen ins Haus.

»Guck dir ruhig die Gegend genauer an«, sagt Mama und streicht mir über den Kopf. »Wir kommen uns sonst hier nur in die Quere!«
Das braucht mir Mama nicht zweimal zu sagen. Ich schnappe mir meinen Jutebeutel und laufe über die Kiesstraße zurück zur Hügelstraße. Unser Grundstück werde ich mir die nächsten Tage genauer ansehen. Jetzt gilt es erst mal, mir einen Überblick über die nahe Umgebung zu verschaffen.

Links biegt die Straße wieder hinunter ins Dorf. Rechts führt sie den Hügel hinauf. Ach, du Kacke! Wir sind ans Ende der Welt gezogen. Ich habe keine Lust, einem **der Dorfkinder** zu begegnen, also halte ich auf den Wald zu, der sich grün lodernd am Hügelkamm hochzieht. Aus irgendeinem Grund habe ich das Gefühl, beobachtet zu werden. Also laufe ich in den Wald. Im Schutz der Bäume fühle ich mich wohler. Auch wenn ich Einzelkind bin und kein Problem damit habe, allein zu sein – hier fühle ich mich zum ersten Mal einsam. Nicht falsch verstehen. Ich liebe es, neues Terrain zu erkunden, unbewohnte Häuser und verlassene Kaufhäuser.

3. Lese-Quest: Der verlassene Bahnhof

Zusammen mit Freunden macht so was Spaß.
Doch hier in Azwang bin ich allein, und das fühlt
sich ganz und gar nicht gut an. Ich meine, es ist
so, als wäre ich in eine Welt hineingeschubst
worden, in der ich die Regeln nicht kenne. Alles
ist anders. Keine **Hochhäuser**, keine Einkaufs-
zentren, keine Autos – die haben in Azwang
bestimmt nicht einmal einen Treffpunkt zum
Malinor-Kartenspielen. Was soll man denn hier
den ganzen Tag lang machen? Kühe um-
schmeißen? Käfer züchten?

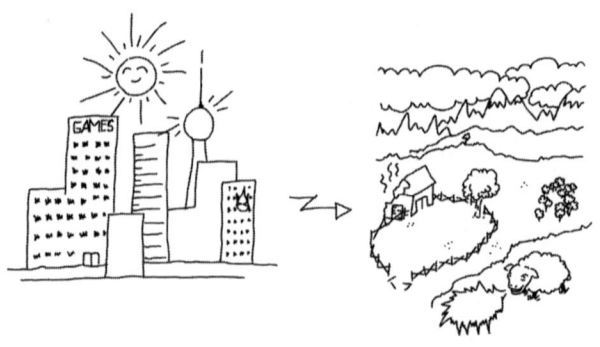

Unter meinen Füßen knirscht es, als würde ich
eine unsichtbare Schwelle übertreten. Ich
schrecke hoch. Doch es ist nur der Waldboden,
auf dem die abgefallenen Baumnadeln, kleine
Zweige und Gestrüpp unter meinen Füßen
rascheln. Ich halte Ausschau nach einem

Baum, an dem ich hochklettern kann. Dabei rasen die verrücktesten Bilder durch meinen Kopf. Ich stelle mir plötzlich vor, dass ein riesiger Bär aus dem Dickicht springt und mit gefletschten Zähnen auf mich zujagt. Ich habe keine Möglichkeit, auszuweichen oder gar wegzulaufen. Bei dem Gedanken trommelt mein Herz wie verrückt gegen meine Brust.

In der Stadt habe ich mich irgendwie sicherer gefühlt. Die einzigen Tiere, denen ich dort regelmäßig begegnet bin, waren Hunde. Und die waren allesamt an der Leine.

Endlich entdecke ich einen Stamm, aus dem ein Ast in Bodennähe ragt. Zwischen den langbauchigen Blättern hängen **stachelige Knollen** und auf dem Boden ringsum liegen kleine, braune Kugeln. Ich bin zwar nicht der Hellste in Pflanzenkunde, aber das ist eindeutig ein Kastanienbaum. Und Kastanienbäume haben kräftige Arme. Das weiß doch jeder. Schnell greife ich nach dem rettenden Anker und ziehe mich hoch. In meinem Kopf läuft das Fantasiekino weiter und ich stelle mir vor, wie das haarige

Biest noch nach meinem Fuß schnappt und ihn nur um Haaresbreite verfehlt. Als ich es mir in der Astgabel gemütlich gemacht habe, muss ich schmunzeln. Ob die Kinder hier in Azwang auch solche verrückten Gedanken haben?

Grinsend löse ich die Kordel meines Jutebeutels. Ich habe alles dabei: meine Malinor-Sammelkarten, einen Notizblock zum Zeichnen, Stifte, einen Radiergummi, Fruchtdrops, ein Buch (Malinor: Die Legende des Drachenrings) und ein paar Münzen (man weiß ja nie). Mama hat mir kurz vor der Abreise noch zwei neue Malinor **Booster-Packs** gekauft.

Obwohl ich die Karten schon seit Jahren sammle, ist es immer wieder etwas Besonderes. Der Moment, wenn man die Glitzerfolie auffriemelt, der ganz spezielle Neugeruch der Karten und natürlich die Chance auf eine seltene Hologrammkarte. Etwas kommt mir plötzlich merkwürdig vor. Ich lausche. Dann halte ich den Atem an und höre noch genauer hin. Dann weiß ich, was los ist. Ich bin tatsächlich noch nie vorher **allein im Wald** gewesen. Holziger Geruch dringt an meine Nase, gemischt mit einer süßen, harzigen Note. Ich klappe mein

Buch auf und streiche mit dem Finger über die erste Doppelseite. Sie zeigt die Landkarte von Malinor, das Gebiet, auf dem das Sammelkartenspiel stattfindet. Ich stelle mir vor, wie es wohl wäre, durch seine Sümpfe zu streichen, die schneebedeckten Berge zu erklimmen, die geheimen Höhlen zu erforschen und in den Flüssen nach Schätzen zu tauchen.

Hätte mir vor drei Monaten jemand gesagt, dass ich nach den Sommerferien aufs Land ziehen würde, dort allein auf einem Baum hocken und Malinor-Karten anschauen würde – ich hätte ihn für blöd erklärt.

Ein Knacken lässt mich aufhorchen. Sofort verstaue ich meine Sachen im Jutebeutel. Ich klettere an den Ästen weiter nach oben und verharre regungslos hinter dichtem Laub, das mich - so hoffe ich zumindest - vor Blicken schützt. Mit angehaltenem Atem luge ich durch das Geäst hinunter. Einen **STEINWURF** entfernt laufen zwei Jungs und ein Mädchen durch den Wald. Sie sind etwa in meinem Alter und haben Gewehre aus Holz umgehängt. Alle drei tragen

dunkelgrüne Stirnbänder. Der größere Junge
hält außerdem einen selbst gemachten Pfeilbogen in der Hand. Er ist wohl der Anführer, denn
er brüllt die Kommandos:
»Passt auf! Sie müssen hier irgendwo sein!«
Wo bin ich denn hier hineingeraten?

Erst jetzt bemerke ich, dass sich drei weitere
Jungs hinter einem umgefallenen Baumstamm
verstecken. Sie tragen senfgelbe Stirnbänder.
Einer von ihnen legt den Zeigefinger an den
Mund.

Ein Hinterhalt. Ich wage kaum zu atmen.
Bevor die Grünbänder den Baumstamm erreichen, springen die drei Jungs hervor und werfen sich auf die Eindringlinge. Der Anführer

hat keine Zeit, den Bogen zu spannen, sondern benutzt ihn als Rute, die er auf einen der Jungen niedersausen lässt. Ich komme mir vor wie in diesem einen Film, in dem Jugendbanden gegeneinander kämpfen. Ich merke, dass meine Hände schweißnass sind. Wer weiß, was diesen Kindern einfällt, wenn sie mich hier entdecken. Am Ende knüppeln sie mich noch mit ihren Holzschwertern nieder oder nehmen mich gefangen.

Ein eiskalter Schauer krabbelt über meinen Rücken und in meinem Kopf gibt es nur noch einen Gedanken: ABHAUEN, sofort! In diesem Kaff schlagen sich die Kinder tot. Doch dann fangen die Kinder laut an zu lachen. Die Jungen auf dem Boden lockern ihre Griffe und wälzen sich kichernd über das Moos. Das Mädchen streift sich das Stirnband vom Kopf und gluckst vergnügt.

Erleichtert atme ich aus. Die Kinder kennen sich also und das ist alles ein Spiel.
»Gut gemacht«, sagt das Mädchen mit dem Bogen. »Lasst uns zur Höhle laufen. Papa hat gesagt, dass dort nächste Woche ein neues Forschungsteam anrückt.«

»Schon wieder!«, ruft ein Junge und pult sich Moosstücke aus dem Haar.

Der größere Junge holt etwas aus seiner Jackentasche, schüttelt es und nickt den anderen grinsend zu.

»Denen machen wir ein schönes Willkommensgeschenk.«

Trotz der Entfernung kann ich ziemlich gut erkennen, was der Junge aus seiner Tasche gezogen hat. Eine Spraydose.

Zuhause erzähle ich Mama und Papa nichts von dem Erlebnis im Wald. Sicher hätten sie gesagt, ich solle mich vom Wald fernhalten oder nicht mehr alleine herumlaufen. Aber wisst ihr was, um ehrlich zu sein, es war ziemlich aufregend dort oben im Baum.

Als ich abends im Bett liege, kann ich lange nicht einschlafen. **Tausend Gedanken** rasen durch meinen Kopf. Morgen ist bereits mein erster Schultag. Werden mich die anderen Kinder begrüßen? Wie sind die Lehrer hier so drauf? Mit wem werde ich mir die Schulbank teilen? Gibt es dort eine Schul-Cafeteria?

4. Lese-Quest: Übernachtung in der Schule

Erst als ich das Fenster einen Spalt weit öffne, fallen mir langsam die Augen zu. Ein unsichtbarer Windhauch lässt die alten Vorhänge tanzen und der harzige Geruch vom nahen Wald erfüllt mein Zimmer.

Der erste Schultag

Was ich an meinem ersten Tag an der neuen Schule auf jeden Fall vermeiden will, ist **AUF-MERKSAMKEIT**. Ich kann es auf den Tod nicht ausstehen, wenn ein großes Tamtam um mich gemacht wird. Das war schon immer so. Nicht falsch verstehen. Ich liebe Geburtstage. Geschenke, Freunde einladen, Kuchen und Schnittchen, immer her damit. Aber ich kann es echt nicht ab, wenn ich im Mittelpunkt stehe und die Kerzen auf der Torte ausblasen muss, während mich alle anglotzen.

Oder wenn ich bei Omas Geburtstag ein Gedicht aufsagen soll (was nur einmal vorkam) und mich Tante Inge in die Wange kneift. Nein, das ist nichts für mich. Jedenfalls will ich auf jeden Fall vermeiden, dass irgendjemand an der Schule Wind davon bekommt, dass ich NEU bin.

»Heute ist dein erster Schultag in Azwang. Soll ich dich begleiten?«, fragt Mama und wischt sich den **Schlaf aus den Augen**. Sie hat gestern noch bis spät Umzugskartons ausgepackt.

»Ach, ich kann auch zu Fuß gehen«, sage ich schnell und schlinge den Himmeltau hinunter, den mir Mama mit warmer Milch aufgegossen hat. Mein allerallerliebstes Frühstück.

Ich weiß, Mama meint es gut, aber ganz ehrlich: Mit elf Jahren lässt man sich nicht mehr von den Eltern zur Schule bringen.

Mama **schüttelt den Kopf** und gähnt.

»Es macht mir aber wirklich nichts aus. Wir können dabei auch gleich zusammen den Ort erkunden.«

Mamas können echt hartnäckig sein.

»Ich weiß doch, wo die Schule ist, Mama«, sage ich und ziehe mir meinen Lieblingskapuzenpulli über.

Und bevor Mama etwas sagen kann, schiebe ich hinterher: »Gleich die Straße runter, dort wo Papa gestern das Auto geparkt hat, als er mit der Straßenkarte kämpfte.«

Mama schmunzelt.

Zu Fuß brauche ich ungefähr zehn Minuten, bis ich das SCHULGELÄNDE erreiche. Beim Eintreten fallen mir die ersten Unterschiede auf. In der Stadtschule gab es eine Umkleidesitzbank mit Kleiderhaken und Schuhmatte. Dort hängte man seine Jacke auf und schlüpfte in die

Hausschuhe. Hier in der Azwanger Schule reihen sich im Schulflur Spinde aneinander, graue, schlanke Schränke, in denen man seine Schulbücher, Mappen und Klamotten verstauen kann. Wer denkt sich denn so was aus?

Ich halte mich im Eingangsbereich auf und tue so, als würde ich auf jemanden warten. Nur nicht auffallen, Sedric! Die anderen Kinder nehmen keine Notiz von mir. Sie stehen in kleinen Grüppchen an den Spinden und unterhalten sich lautstark. Erst als das Schrillen der Klingel um **Punkt 07:50** Uhr einsetzt, schlagen alle ihre Spinde zu und jagen in die Klassenräume. Ich schlüpfe schnell in meine Stoffpantoffeln, packe meine Straßenschuhe in die Schultasche und betrete das Klassenzimmer, auf dem in großen gezeichneten Buchstaben 2B steht.

In meinem Kopf habe ich alles gut durchgeplant. Ich komme einfach in die Klasse, setze mich auf einen freien Platz und verhalte mich ruhig. Keine große Sache eben! Aber daraus wird nichts. Und das liegt an meinem neuen Lehrer, Herrn Rüdiger.

Als ich den Klassenraum betrete, holt er mich auch schon nach vorne und ich muss mich vor der ganzen Klasse vorstellen. Wie peinlich, echt! Automatisch senke ich den Kopf.

»Begrüßt alle mit mir Sedric, der ab heute auf unsere Schule geht. Er ist gerade mit seinen Eltern aus der Stadt hergezogen.«

Herr Rüdiger wirkt auf den ersten Blick ziemlich streng. Ein großer, spindeldürrer Mann, der dunkle Jeans und ein weißes Hemd trägt. Sein Gesicht ist kantig, das Kinn spitz und seine kurz geschorenen Haare erinnern mich an Papas Fotos aus seiner Wehrdienstzeit. Seine Stimme ist das krasse Gegenteil von seinem Soldatenaussehen. Sie klingt sanft, so als hätte er eine Engelsgeduld. Er nickt mir auffordernd zu: »Erzähl uns doch ein wenig über dich!«

Also sage ich meinen Namen und was ich gern in meiner Freizeit mache. Auf die Schnelle fällt mir nur das Malinor-Kartensammeln ein. Siebzehn Augenpaare starren mich ratlos an. Haben die noch nie von Sammelkarten gehört?

»Ich mag auch Videospiele«, schiebe ich hinterher, während ich weiter auf den Boden starre.

Ich meine, jedes Kind liebt doch Videospiele.
»Noob«, tönt eine Stimme aus einer der hinteren Reihen. Gekicher von irgendwo links. Als ich aufblicke, streift mein Blick einen Jungen. Ich kenne ihn. Er war einer von denen, die gestern mit dem Pfeilbogen durch den Wald gelaufen sind. Er hat seine Ellbogen auf die Schulbank gestützt und starrt mich von der letzten Reihe aus an.

Herr Rüdiger verschränkt die Arme und sofort herrscht **Totenstille** im Klassenzimmer.
»Hast du was zu sagen, Magnus?«, sagt er und nimmt das Klassenbuch vom Tisch.
Alle drehen sich Richtung Magnus.
»Kannst du dich daran erinnern, was wir letztes Jahr vereinbart haben?«

Die Stimme von Herrn Rüdiger klingt auf einmal gar nicht mehr so nett.
Magnus zieht die Unterlippe nach vorne und sinkt in den Stuhl zurück.
Herr Rüdiger sieht Magnus eine ganze Weile an, ohne etwas zu sagen.
Magnus zuckt mit den Schultern, bevor er sich mit seinem Zeigefinger ein Büschel Haare eindreht.

»Lasst uns positiv ins Schuljahr starten«, sagt Herr Rüdiger schließlich. »Niemand wird ausgeschlossen!«

Dann dreht er sich zu mir und klopft mir auf die Schulter.

»Fürs Erste musst du wohl alleine sitzen«, sagt er. »Aber in vier Wochen kommt Matheo wieder zurück. Dann kannst du neben ihm sitzen.«

Und während ich darüber nachdenke, wer Matheo ist und warum er erst in vier Wochen wieder hier sein wird, überlässt mir Herr Rüdiger die Wahl, ob ich hinten oder vorne sitzen will. Ich packe meinen Jutebeutel und verziehe mich auf den freien Tisch in der vorletzten Reihe. Am Nebentisch sitzen zwei Mädchen, die mich anstarren, als würde mir ein dritter Arm aus dem Oberkörper wachsen.

Kurz vor 10 Uhr kommt der Rektor in die Klasse und erklärt uns, wie wir uns im Brandfall zu verhalten haben.

»Willkommen, Sedric. Ich hoffe, du hast dich bereits eingelebt in Azwang.«

»Danke«, sage ich. »Wir sind erst gestern angekommen.«

Der Rektor hebt die Augenbrauen. »Du wirst sehen, es wird dir hier gefallen bei uns.«

Er überreicht mir einen Schlüssel.

»Hier ist dein Spindschlüssel. Nummer 42.«

Die große Pause ist ein einziger großer Albtraum. Die Kinder stecken ihre Köpfe zusammen und erzählen sich, was sie in den Sommerferien gemacht haben.

Ich setze mich allein vor meinen Spind und mache mich über das Käse-Sandwich her, das mir Mama mitgegeben hat. Ich halte die Klappe und sage erst mal nichts. Nicht auffallen, Sedric, nur nicht auffallen.

Der **SPIND VON MAGNUS** steht zum Glück einige Meter entfernt. Er unterhält sich mit anderen Kindern, von denen ein paar auch im Wald dabei gewesen sind.

Nach der Pause werden die Schulbücher aus-
geteilt und ich lerne unsere Vertrauenslehrerin
kennen. Die anderen Kinder kennen sie offenbar vom vorigen Jahr.

»Ich bin Frau Lorenz«, sagt sie zu mir und
drückt mir einen Stapel Zettel in die Hand.

»Sei so nett, Sedric. Teilst du bitte die Stunden-
pläne aus?«

Langsam schiebe ich mich vom Stuhl. Die An-
wesenheit von Frau Lorenz beruhigt mich. Mit
einer schnellen Handbewegung ziehe ich die
obersten Blätter vom Stapel und verteile sie
in der letzten Reihe. Anders als in der Stadt
gibt es hier in Azwang für jede Klasse nur zwei
Lehrer. Und die Fächer heißen auch anders.
Deutsch, Englisch und Mathe gibt es auch hier,
klar. Aber was ist mit **Geschichtswissen** und
Naturwissenschaft? Nichts. Dafür steht auf
dem Stundenplan »Werken« und »Sachunterricht«. Hä, geht's noch? Ich habe keine Ahnung,
was das alles ist. Wenigstens haben wir Sport.
Mit dem Schrillen der Schulglocke jage ich aus
dem Klassenzimmer. Zuhause wartet Mama
bereits mit einer großen Pfanne Käse-Makkaro-
ni auf mich. Und schlagartig zeigt mein Gute-
Laune-Meter wieder nach oben. Mamas wissen
echt, wie man Jungs glücklich macht.

Freund Hein

Die ersten Tage in Azwang verlaufen alle irgendwie gleich. Herr Rüdiger und Frau Lorenz sind supernett und geben sich richtig Mühe, mich in der Schule willkommen zu heißen. Sie sorgen dafür, dass ich alle Schulbücher bekomme, fragen immer wieder nach, ob ich irgendetwas brauche, und das Wichtigste: Sie nerven mich nicht mit Mitarbeitsfragen während des Unterrichts.

Nach der Schule helfe ich Mama so gut es geht im Haushalt. Wir räumen zusammen den kleinen Schuppen aus, den wir neben dem Tümpel entdeckt haben, und fischen **totes Holz** und Algen aus dem Wasser. Ich darf sogar mein Zimmer neu streichen und entscheide mich für ein helles Braun, das mich an Haselnüsse erinnert.

Am späten Nachmittag kommt Papa nach Hause und berichtet mit leuchtenden Augen, wie es ihm bei seiner neuen Arbeit mit den Grottenolmen so geht. Am Abend spielen wir ein paar Runden Rummikub, ein Spiel, bei dem man Zahlenplättchen aneinanderreiht, um möglichst viele Punkte zu erreichen.

Es ist Donnerstag, als schließlich etwas völlig Unerwartetes passiert. Und zwar in der letzten Schulstunde. Wir haben gerade Sachunterricht (was so viel ist wie Biologie), als Herr Rüdiger wissen will:

»Wer kann mir sagen, wie viele Knochen der menschliche Körper hat?«

Herr Rüdiger macht ein paar Schritte durchs Klassenzimmer und sieht sich um.

»Niemand? Nun, dann müssen wir wohl Freund Hein befragen!«

Herr Rüdiger zieht die Augenbrauen nach oben.

»Wo ist denn unser Freund Hein?«

»Wer?«, ruft das Mädchen mit den Zöpfen aus der ersten Reihe.

»Ihr kennt Freund Hein nicht?«

»Wer soll denn das sein?«, macht sich Magnus aus der letzten Reihe lauthals bemerkbar.

»Unser **Schulskelett** natürlich!«

»Ein Skelett, cool!«, jubelt Magnus und trommelt mit der flachen Handfläche auf den Tisch.

Herr Rüdiger stemmt die Hände in die Hüften und runzelt die Stirn.

»Forschung am Objekt nennt man das, Kinder. Aber ich fürchte, unsere Hausmeisterin hat Freund Hein auf den Dachboden geräumt.«

»Na, dann holen wir Knochi herunter!«, ruft ein baumhoher Junge namens Ottis.

»Warum eigentlich nicht«, stimmt Herr Rüdiger zu. »Habt ihr denn schon ein Helferlein gewählt?«

Ich muss ziemlich **irritiert** geguckt haben, denn Herr Rüdiger sieht mich an und erklärt, dass die Kinder hier in der Schule als »Helferlein« eingeteilt werden, die kleine Aufgaben im Unterricht erledigen. Dinge wie die Tafel sauber machen, Tests austeilen und ins Rektorbüro gehen.

»Nein«, ruft ein Junge aus der vordersten Reihe. »Das machen wir erst nächste Woche mit Frau Blume.«

»Hm«, grummelt Herr Rüdiger. »Na dann, wer traut sich hoch auf den Dachboden, um Freund Hein zu holen?«

Ich weiß nicht, warum ich mich melde, aber meine Hand schnellt wie automatisch nach oben und ich höre meinen Namen.

»Sedric! Sehr schön. Kennst du denn den Weg?«

»Äh, ja sicher«, stammele ich, obwohl ich null Ahnung habe.

Aus dem Augenwinkel sehe ich, wie Magnus langsam die Hand senkt.

»Und pass auf, dass dir keine Knochen abhan-
denkommen!«
Als ich durch die Klassentür rausgehe, spüre
ich, wie mir Magnus böse Blicke zuwirft.

Am Ende des Schulflurs führt eine Treppe zu
den oberen Stockwerken hinauf. Das muss der
Weg zum Dachboden sein. Ein trocken staubi-
ger Geruch weht mir entgegen. Wahrscheinlich
hat hier schon länger niemand mehr gelüftet.
Die Treppe endet vor einer massiven Holztür
mit Eisenbeschlägen.

Sie quietscht laut, als ich sie öffne. Dahinter
erwartet mich ein kurzer Korridor. Durch ein
großes, kreisrundes Fenster fällt Sonnenlicht in
den Raum und bringt den
Staub zum Glitzern. Ich
muss niesen und dann
noch mal und noch
mal. Warum muss
man eigentlich nie
nur einmal niesen?
Sondern immer
zwei- oder dreimal? Hat das schon jemand
herausgefunden? Jetzt habe ich zwei Türen zur
Auswahl. Hinter der ersten, gegenüber der

Treppe, finde ich einen Raum voller **Gewächse** und Blumen. Es erinnert mich an die Gartenabteilung in einem dieser großen Heimwerkermärkte in der Stadt. In den Regalen an der Wand stehen Töpfe, Säcke mit Erde, Gießkannen, Werkzeuge und jede Menge Blumen. Eine dieser Blumen sieht aus wie eine fleischfressende Pflanze – ziemlich GRUSELIG. Aber keine Spur von Freund Hein, dem Skelett. Also nehme ich die andere Tür, die in einen langen, großen Raum führt.

Hier sieht es schon eher nach Dachboden aus. Ein guter Teil des Raums ist vollgestellt mit Stühlen, Tischen und Kästen, die alle voller Schrammen sind. An der Wand lehnen alte, grüne Kreidetafeln, kaputte Glasscheiben, ein Spiegel, Gemälde in protzigen Rahmen und vergilbte Landkarten.

In den Regalen türmen sich **Reagenzgläser**, stapelweise vollgekritzelte Blätter, Papierordner und eine riesige Menge an Büchern – es müssen Hunderte sein, die hier langsam zu

Staub zerfallen. In der Mitte des Raums steht ein erdbeerrotes Sofa, das so gar nicht zu den alten Sachen passen will. Endlich entdecke ich das Skelett in der hintersten Ecke. Freund Hein sieht ziemlich cool aus mit seinem knochigen Körper und dem weißen Schädel. Eigentlich habe ich damit gerechnet, dass er so groß ist wie ein Erwachsener. Doch er ist ziemlich klein, nur ein bisschen größer als ich.

Neben dem **Skelett**, das auf Rollen steht, ist die ganze Wand mit einem riesigen Vorhang verhüllt. Das Kino, in das ich in der Stadt am liebsten gehe, hat auch so einen Vorhang, der beiseitegezogen wird, wenn der Film beginnt. Ach, wie gern wäre ich jetzt dort, mit meinen Freunden Gregor und Ole. Mein Bauch krampft sich zusammen.

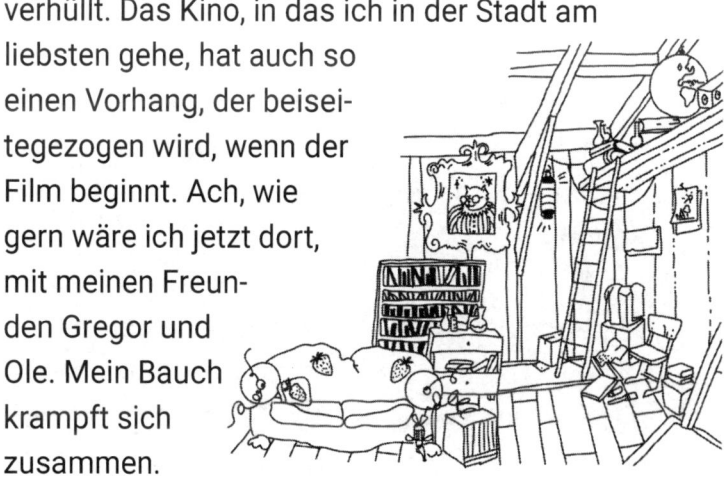

Was sie jetzt wohl machen?
Ich spähe hinter den Vorhang, um nachzusehen, ob sich dort nicht noch ein Raum befindet.

Irgendwie kommt mir der ganze Dachboden so klein vor. Aber dort befindet sich nur eine graue, unverputzte Steinwand. Ich schnappe mir Freund Hein und rolle ihn ein paar Meter Richtung Tür, aber das Ding ist so unhandlich, dass mir ein KNOCHENARM INS GESICHT schlägt. Ich erschrecke mich so, dass ich rückwärts stolpere und gegen den Vorhang plumpse. Ein dumpfer Ton erklingt, so wie wenn man mit der Faust gegen eine Holztür schlägt.

Hm? Dort müsste eigentlich eine Steinwand sein.

Ich schiebe das Skelett ein Stück weiter und taste mit meiner Hand den Vorhang ab. Dann klopfe ich. Bumm! Bumm!

»Eine Holztür«, sage ich laut zu mir selbst und will den Vorhang beiseiteschieben. Was aber gar nicht so einfach ist. Der Stoff hängt schwer und dick von der Decke herab und wirft am Boden mehrfach Schleifen.

Ich gehe zur Wand zurück, wo das **Skelett** anfangs gestanden hat, und schlüpfe mit angehaltenem Atem hinter den Vorhang.

Links ertaste ich die Steinwand und mit der rechten Hand hangele ich mich am Vorhang entlang. Es ist finster. Ich laufe das Stück nach vorne und plötzlich berührt meine Hand eine Türklinke.

Woher kommt diese Türklinke plötzlich?

Langsam drücke ich sie nach unten.

Die Entdeckung

Hinter der Tür hängt ein weiterer Vorhang, dieses Mal aber geteilt, sodass ich einfach durchschlüpfen kann. Und ihr werdet es nicht glauben, was ich dort finde! Vor mir liegt ein Raum, der so gar nicht zu der **Rumpelkammer** von nebenan passen will. Im ersten Moment denke ich, ich bin im Zimmer der Hausmeisterin oder des Rektors gelandet. Aber das sieht nicht nach einem Erwachsenenzimmer aus. Vielmehr wirkt dieser Raum wie ein ganz normales Kinderzimmer. Der Boden ist übersät mit Büchern, Landkarten, Stiften und anderem Kram. Eine altmodische Stehlampe steht in der Ecke vor einem dunkelroten Teppich. An den Wänden hängen Landkarten und jede Menge gezeichneter Bilder.

Ein schwacher Windhauch lässt mich zusammenzucken. Über mir steht ein Dachfenster offen, und plötzlich wird mir bewusst, dass ich schon ziemlich lange weg bin. Ich schlüpfe durch den Vorhang zurück in den Dachboden, schließe die Holztür und taste mich die Wand entlang zurück. Ich schnappe mir das Klappergestell und laufe nach unten.

Als ich in die Klasse zurückkomme, steht Herr Rüdiger gerade an der Tafel, wo er mit dicken **Kreidestrichen** einen Oberarmknochen aufmalt.

»Warst du noch einkaufen?«, ruft er.

Schmunzelnd nimmt er mir das Skelett ab und rollt es neben das Lehrerpult.

»Du warst fünfzehn Minuten fort.«

Er schaut mich mit großen Augen an. Auch die Kinder mustern mich ratlos. Magnus wetzt unruhig auf seinem Stuhl. Irgendetwas hält mich davon ab, von dem geheimen Zimmer zu erzählen. Also lasse ich mir schnell etwas einfallen.

»Äh, ich hab mich verlaufen.«

»Verlaufen?«, fragt Herr Rüdiger zögerlich. »Wie kann man sich denn in unserer Schule verlaufen?«

»Was für ein Opfer«, kommt es aus der letzten Bankreihe.

Das Gesicht von Herrn Rüdiger verfinstert sich.

»Magnus! Ich dulde diese Art von Kommentaren nicht in meiner Klasse. Hast du das verstanden?«

Magnus` Kopf läuft hochrot an, als hätte ihm jemand die Luft abgeschnürt. Er rutscht tiefer in den Stuhl und nickt.

Hä, habe ich was verpasst? Die Stimmung hat sich schlagartig verändert. Es ist, als wäre eine Gewitterwolke im Klassenraum aufge- zogen.

»Du weißt doch noch, was wir über Mobbing gelernt haben?«, fragt Herr Rüdiger und jetzt ist nichts mehr übrig von seiner freundlichen Mie- ne. »Wie heißen die drei goldenen Regeln gegen Mobbing, Magnus?«
Herr Rüdiger zieht das **Klassenbuch** aus dem Lehrerpult und schreibt etwas hinein.
Dann nimmt er seine Brille ab und stellt sich di- rekt vor Magnus.
»Nun?«
Magnus murmelt etwas.
»Und jetzt sagst du das bitte in einer Lautstär- ke, dass wir es auch verstehen können.«
»Sei zu allen so, wie andere auch zu dir sein sollen«, stammelt Magnus.
»Handle immer so, wie du selbst behandelt werden möchtest. Ja. Regel eins. Weiter.«
»Wir machen uns nicht über andere lustig.«
»Richtig. **Keine Scherze** auf Kosten anderer.

Schon gar nicht, wenn diese neu sind, so wie unser Sedric hier. Und die letzte Regel?«
»Wir denken uns in andere hinein.«
»Ja. Wir wollen versuchen, uns in die Situation und in die Gefühle unserer Mitmenschen hineinzuversetzen. Und das nennt man wie?«

Magnus schweigt, doch aus der zweiten Reihe meldet sich ein Mädchen.
»Empathie!«
»Richtig, Denise. Das nennt man Empathie. Und das unterscheidet uns von den meisten Tieren. Denkt immer an diese drei Regeln.«

Das **Schrillen** der Pausenglocke beendet Herrn Rüdigers Ausführungen.
»Moment noch! In der nächsten Stunde werden wir uns dann mit unserem Freund Hein beschäftigen. Wer will, kann sich schon einmal Seite 23 im Buch anschauen, wo die Knochen des menschlichen Körpers erklärt werden.«
Während ich zusammenpacke, wirft mir Magnus einen galligen Blick zu, doch ich tue so, als würde ich es nicht sehen. Nur nicht auffallen, Sedric, sage ich mir wieder mal.

Als ich nach Hause laufe, nehme ich mir fest vor, demnächst noch einmal den Schuldachboden zu untersuchen. Ich will unbedingt herausfinden, wer dort oben wohnt. Freitag nach dem Unterricht scheint mir der beste Zeitpunkt dafür zu sein.

Ich muss nur darauf achten, dass ich danach noch das **Schulgebäude** verlassen kann und nicht eingeschlossen werde. Aber die Lehrer würden bestimmt noch länger hier sein. Außerdem gibt es ja auch noch den Reinigungsdienst und die Hausmeisterin, die in der Schule arbeiten, wenn wir Kinder raus sind.

Endlich Freitag!

Am Freitag nach dem Glockenläuten bleibe ich sitzen und warte, bis die anderen Kinder an ihren Spinden stehen. Magnus und seine Gang beachten mich kaum. Sie sprechen davon, sich am Wochenende in ihrem **Baumhaus** zu treffen. Meine Turnschuhe habe ich mir extra in den Jutebeutel gesteckt, um nicht an den Spind zu müssen. Ich schlüpfe in die Schuhe, werfe mir den Beutel auf den Rücken und laufe unbemerkt zur Haupttreppe. Am Ausgang kommt mir eine Lehrerin entgegen und ich warte, bis sie um die Ecke biegt. Dann eile ich die Treppe nach oben. Dieses Mal lasse ich das Licht aus, weil ich ja weiß, wohin ich muss.

Wieder schlüpfe ich hinter den Vorhang, taste mich die Steinwand entlang und erreiche schließlich die Holztür. Mit pochendem Herzen umschließe ich die Türklinke und drücke sie nach unten. Was, wenn jemand da ist? Ich schlucke, aber es ist zu spät.

Der geheime Raum sieht fast genauso aus wie drei Tage zuvor. Doch etwas macht mich stutzig. Na klar. Das Dachfenster ist geschlossen - und ja, ein paar Bücher am Boden liegen an einer anderen Stelle.

Es ist also jemand hier gewesen.

Oder ist immer noch hier?

Bei diesem Gedanken pocht mein Herz heftiger. Was, wenn sich in diesem Raum jemand Gefährliches versteckt?

Wenn ein Einbrecher hier sein Lager aufgeschlagen hat oder wenn es das Zimmer einer ganzen Räuberbande ist?

Meine Hände zittern und ich bekomme richtig Angst.

Nichts wie raus hier!, befiehlt mein Kopf. Ich will gerade den Vorhang wegziehen und aus dem Zimmer laufen, als es hinter mir rumpelt.

Wie versteinert bleibe ich stehen. Wieder ein Geräusch. Diesmal hört es sich an wie ein leises Niesen. In meinem Kopf zanken sich zwei Gedanken: Abhauen oder nachsehen, woher das Niesen kommt?

Normalerweise wäre ich auch sofort abgehauen, denn ich bin ehrlich gesagt nicht besonders mutig, müsst ihr wissen. Aber ein Gedanke lässt mich zögern. Wenn ich jetzt runtergehe, treffe ich bestimmt auf einen Lehrer oder sogar noch auf Magnus. Er, Cora und Ottis trödeln immer ziemlich lange rum. Nein, darauf habe ich null Bock.

Diesmal werde ich nicht weglaufen. Ich wage mich vorsichtig ein paar Schritte in den Raum hinein. Jetzt höre ich es deutlich. Das Geräusch kommt aus einer eisenbeschlagenen Holztruhe in der Ecke. Sie ist so groß, dass locker ein Tier oder auch ein kleiner Mensch hineinpassen würde. Langsam gehe ich auf die Truhe zu. Wenn es ein Einbrecher ist, bin ich mit einem Satz am Vorhang und **zische durch die Tür** ab. Ich hole tief Luft und hebe langsam den schweren Truhendeckel.

Jule Nussbaum

Zwischen Büchern, einem himmelblauen Bett-
laken und ein paar zerknüllten Klamotten guckt
mir ein Mädchen entgegen. Ich schnappe nach
Luft und bin so erstaunt, dass ich fast den De-
ckel loslasse.
Das Mädchen sieht mich an wie eine Katze,
die man gerade von ihrer Kuscheldecke ge-
scheucht hat.
»Kannst du denn nicht anklopfen?«, rüffelt sie
mich und steigt aus der Truhe.
»Aber ...«, flüstere ich.

Ich weiß nicht, worüber ich mich mehr wundern
soll. Darüber, dass sich auf dem **Dachboden**
meiner neuen Schule ein
Mädchen in einer Truhe
versteckt, oder über das
Mädchen selbst. Sie trägt
nämlich einen langen,
gelben Mantel und einen
gelben Filzhut, unter dem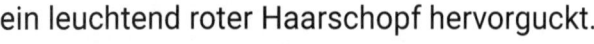
ein leuchtend roter Haarschopf hervorguckt.
»Hast du deine Zunge verschluckt?«
Anstatt zu antworten, starre ich sie weiter
mit offenem Mund an. Erst jetzt sehe ich das

Schwert in ihrer Hand. Die Waffe ist locker so lang wie mein Arm, mit einem Holzgriff und einer metallenen, offensichtlich scharfen Klinge. Jetzt herrscht in meinem Kopf endgültig Chaos. Zuerst die Jungen im Wald. Jetzt das Mädchen mit dem Schwert.

Was ist nur mit den Kindern hier los?
Mein Blick **HUSCHT** zu dem Vorhang. Abhauen! Sofort!

Das Mädchen bemerkt meinen Bammel, denn es lächelt plötzlich bis zu beiden Ohren.
»Ähm, wer bist du?«, frage ich zögerlich, als ich meine Stimme wiederfinde.
»Eigentlich musst du dich zuerst vorstellen, denn schließlich bist du in mein Zimmer gekommen.«
»Dein Zimmer?«
Das Mädchen zögert.
»Warte, zuallererst musst du mir versprechen, dass du niemandem davon erzählst, ja?«
Ich bemerke ein Zittern in den Mundwinkeln des Mädchens.
»Okay, kein Problem. Ich verspreche es.«
Sie nickt.
»Sedric, wie hast du überhaupt …«

»Halt!«, rufe ich. »Woher kennst du meinen Namen?«

Das Mädchen wendet den Blick ab und starrt kurz zu Boden.

»Ich … äh … der steht doch auf deinem Spind.«

»Also gehst du auch hier zur Schule?«

»So in etwa, ja«, beeilt sich das Mädchen zu sagen.

Mein Herz pocht schneller.

»Und das Schwert?«

»Ach so, ja, das Schwert und die Klamotten sind nicht echt.«

Sie nimmt die **SCHWERTKLINGE** zwischen die Finger und verbiegt sie.

»Nur Gummi, siehst du!«

Sie legt den Finger an die Lippen und horcht gespannt.

»Ist dir jemand gefolgt?«

Ich schüttele den Kopf.

Einige Sekunden verstreichen.

Dann schlüpft das Mädchen durch den Vorhang in den Dachboden und ich folge ihr.

Sie streift sich den Filzhut vom Kopf und legt ihn in ein Regal. Das Gummischwert stellt sie in einen Schirmständer, in dem auch eine Gummiaxt und ein Plastik-Schild stehen.

»Also, früher war die Schule ein Theater«, erzählt das Mädchen. »Und im Erdgeschoß gab es eine große Bühne – dort, wo jetzt die verschiedenen Klassenräume sind. Damals war das ein einziger, riesiger Raum, in dem die Bühne und die Sitzreihen für die Besucher standen. Über der Bühne, im zweiten Stock, war der Technikraum. Von dort wurden die verschiedenen Hintergründe hinuntergelassen. Also je nachdem, welches **Theaterstück** gerade aufgeführt wurde.«

»Du kennst dich aber gut aus«, sage ich.

»Das hat mir die Hausmeisterin erzählt.«

»Sag mal, wie heißt du eigentlich?«, frage ich.

»Rate mal.«

»Ich soll raten?«, frage ich verblüfft. So ein Quatsch!

»Ja!«

»Aber wie soll man denn einen Namen erraten?«

Wenn es um das Alter geht oder die Lieblingsfarbe oder das Lieblingsessen – ja, das kann man vielleicht erraten. Aber einen Namen? Das ist ja so, wie wenn man den genauen Geburtstag erraten soll.

Das Mädchen grinst mich an, sodass winzige Lachgrübchen auf ihren Wangen tanzen.

»Hm«, sage ich, »vielleicht Camille.« So heißt nämlich meine Mama.

»Falsch!«

»Oder Rebecca.« Das ist der Name von Mamas bester Freundin.

»Wieder falsch«, sagt das Mädchen und hüpft auf das erdbeerrote Sofa, das mir schon beim ersten Betreten des Dachbodens aufgefallen ist.

»Willst du es mir nicht sagen?«

»Okay, ich geb dir einen Tipp. Der Name beginnt mit einem J.«

Blitzschnell gehe ich alle Namen durch, die mir mit J einfallen.

»Vielleicht Johanna?«

»Nein!«

»Dann Jutta? Oder Jana?«

»Beides daneben!«

Das Mädchen quietscht vergnügt.

»Jule«, ruft sie und lässt wieder ihre Lachgrübchen erscheinen. »Ich heiße Jule Nussbaum.«

»Aber … äh … warum …?«, stammele ich.

»Warum was?«, unterbricht mich Jule.

»Ich meine, was machst du hier?«

Jule lässt sich rücklings auf das Sofa nieder. »Kannst du ein Geheimnis für dich behalten?« Ich nicke und meine es auch so.

In der Stadt hatte ich mit meinen Freunden Gregor und Ole ein Geheimversteck im großen Einkaufscenter. Da gab es eine Tür, die eigentlich abgeschlossen hätte sein müssen. Sie führte in eine Art Abstellraum voller Regale mit Mülltüten, Handschuhen, Eimern und Flaschen von Putzmitteln. Dort trafen wir uns manchmal, um zu quatschen, und alles, was dort beredet wurde, kam nie nach draußen. Niemand außerhalb des Raumes erfuhr je davon, was wir uns dort erzählten. Daran hielten wir uns. Es war wie ein **unausgesprochener Schwur**.
»Ich habe meine Eltern nie kennengelernt.« Jules Stimme zittert, als sie mir davon erzählt. »Sind sie ... ich meine ... sind sie gestorben?« Sie zuckt mit den Schultern.
»Weiß ich nicht. Vielleicht. Vielleicht auch nicht. Jedenfalls kam ich in ein Heim für Kinder ohne Eltern.«

Ich staune nicht schlecht, als mir Jule so freimütig aus ihrem Leben erzählt. Ich meine, wir kennen uns ja erst seit ein paar Minuten.

Erst später sollte ich erfahren, dass Jule mich schon länger kannte und sich sehr genau überlegt hatte, ob sie mir ihre Geschichte anvertrauen sollte.

Jule fährt fort und erzählt von dem Kinderheim, in dem sie aufwuchs. Und von wo sie eines Tages **ausbüxte**. Warum, verrät sie mir nicht. Nur, dass sie in einen Zug gestiegen und heimlich bis zum nächsten Morgen mitgefahren ist.
Als sie ausstieg, war sie in Azwang. Sie hatte Hunger, Durst und vor allem Angst. Während sie durch das Dorf streifte, entdeckte sie die Schule und versteckte sich auf dem Dachboden.
Nur nachts kommt sie hervor, um sich aus der Schulmensa etwas zu essen zu holen. Immer nur so wenig, dass niemand Verdacht schöpft. Bei Jules Worten zieht sich mein Magen zu-

sammen. Schlagartig kommt mir mein Leben wie das Paradies vor. Klar, ich vermisse Gregor und Ole. Meine alten Schulkameraden. Und das City-Center, um neue Malinor-Karten zu kaufen. Aber verglichen mit Jules Geschichte sind das Kinkerlitzchen.

»Hast du **KEiNE ANGST**, dass dich jemand entdeckt?«

Jule rollt sich von der Sofalehne und starrt mich durchdringend an. Ihre Augen sind ganz glasig. Hat sie geweint?

»Doch, natürlich. Ich muss immer höllisch aufpassen, dass mich niemand sieht.«

»Das ist dir aber nicht so gut gelungen«, sage ich und muss plötzlich laut lachen.

Jule nickt.

«Du bist bisher der Einzige, der mein Versteck gefunden hat! Und das auch nur durch Zufall«, sagt sie, »weil Freund Hein umgefallen ist!«

»Du kennst **FREUND HEIN**?«

»Ich wohne hier. Schon vergessen?«

Ich will Jule tausend Dinge gleichzeitig fragen.

»Sag mal, gehst du denn nie raus?«

Wie schlimm muss es sein, den ganzen Tag in einem einzigen Gebäude, und noch dazu in der Schule, zu verbringen!

»Natürlich, du Esel, was für eine blöde Frage!«
Sie lacht. »Ich flaniere durch die Straßen, wann
immer ich will.«

»Aber wenn dich jemand sieht?«

»Na ja, ich spaziere nicht durch den Haupteingang. Es gibt eine geheime Luke am Hintereingang, durch die ich unbemerkt rein- und rausschlüpfen kann.«

Sie lächelt, als sei es das Allernormalste der
Welt, dass ein Mädchen allein auf dem Dachboden einer Schule wohnt. Ich kann das alles
noch immer nicht recht glauben. Kann es wirklich sein, dass Jule hier in der Schule lebt? So
ganz allein? Vielleicht **flunkert** sie mich an,
schießt es mir durch den Kopf.

»Die Schule ist doch das beste Gebäude, das es
gibt«, erwidert Jule meine fragenden Blicke. »Es
gibt hier Toiletten, eine Schulküche, Sporträume
zum Spielen ... Was kann denn besser sein?
Und am Wochenende ist hier niemand. Ich kann
tun und lassen, was immer ich will.«

»Aber«, sage ich und
habe Bammel, dass es
wieder eine blöde Frage
ist, »hast du denn so alleine keine Angst?«

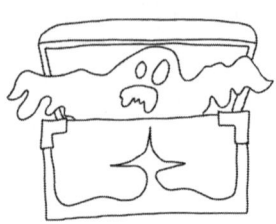

»Angst?«, wiederholt Jule. »Aber wovor denn?«

»Hm, vor Einbrechern oder Gespenstern?«

Jule stemmt die Hände in die Hüften und zieht eine Schnute. »Ach, Einbrecher! Ich kenne das Gebäude besser als jeder andere und kann mich hier schnell unsichtbar machen. Und Gespenster gibt es nicht. Weißt du das denn gar nicht? Was lernt ihr denn in der Schule?«

Jule ist mit einem Satz an einem Regal, öffnet eine Schublade und zieht etwas heraus.

»Mir gefällt dein **Jutebeutel**!«, ruft sie.

»Das ist meine Schultasche.«

»Haben alle Jungs aus der Stadt so einen Beutel?«

»Woher weißt du denn, dass ich aus der Stadt bin?«, will ich wissen.

»Dreh dich um!«, sagt Jule.

Noch bevor ich antworten kann, packt sie mich am Arm und dreht mich um.

»Wenn du es unbedingt wissen willst, ja, die meisten Kids in der Stadt haben diese Beutel. Schultaschen sind voll Steinzeit!«

»Find' ich auch!«, sagt Jule und ich spüre, wie sie mit ihren Fingern gegen den Beutel drückt.

»So, jetzt sieht er freundlicher aus.«

Es ist schon dunkel, als ich später nach Hause komme.

»Wo warst du denn so lange?«, fragt Mama und holt ein ganzes Blech selbst gemachte Pizza aus dem Backrohr.

Mein Lieblingsessen, **mjam**! Auf einmal riecht es gar nicht mehr so muffig im Haus.

»Ach, ich bin länger in der Schule geblieben.«

»Hast du denn schon neue Freunde gefunden?«, fragt Papa und zeigt auf meinen Jutebeutel.

Ich nehme ihn vom Rücken, und erst jetzt sehe ich die zwei knopfgroßen Klebeaugen, die mir Jule drangeklebt hat.

Ich nicke.

»Ja. Ich glaub' schon.«

Berserkerschwert +5

Am Montagmorgen trommeln dicke Regentropfen an mein Fenster, und bis ich mich auf den
Schulweg mache, prasseln sie sogar noch
doller vom Himmel. Als ich die Schule erreiche,
bin ich so klatschnass, dass meine Sneakers
beim Gehen quietschen und kleine
Pfützen auf dem Flurteppich hinter-
lassen. Es bleibt mir nichts anderes
übrig, als mir am Spind die trocke-
nen Hausschuhe anzuziehen.

Erst nach drei Schulstunden sind meine So-
cken und die Beine meiner Jeans wieder richtig trocken. Der Schultag endet heute mit einer
Doppelstunde Englisch. Ich drücke mich in den
Stuhl und hoffe nur, dass ich nicht an die Tafel
muss. Auf eine **blöde Bemerkung** von Magnus
kann ich echt verzichten. Herr Rüdiger stellt immer wieder Fragen und scannt dabei den Raum,
als könne er in unseren Gesichtern ablesen, ob
wir die Antwort wissen oder nicht.
»Wer kann mir folgenden Satz ins Englische
übersetzen?
Thomas fährt mit dem Zug in die Stadt und
geht einkaufen.«

Das Mädchen, das neben Magnus sitzt, wedelt mit dem Finger.

»Ja, Cora, bitte.«

»Thomas takes the train into town and goes shopping.«

Herr Rüdiger nickt zufrieden und schreibt den Satz an die Tafel.

»Das ist unfair!«, ruft das Mädchen mit den Zöpfen aus der ersten Reihe. »Coras Eltern kommen doch aus England.«

»Na und?«, ätzt Cora. »Hast du was dagegen, Alma?«

Sie wirft ihr einen giftigen Blick zu.

Alma revanchiert sich mit einer herausgestreckten Zunge.

Ich starre durchs Klassenfenster auf den leeren Schulhof, der hinter einem dichten Regenvorhang verschwimmt. Ganz von alleine verzieht sich mein Mund zu einem **Trauerbogen**. Nicht weil es regnet. Ich liebe Regen. Aber in diesem Moment muss ich ganz doll an Gregor und Ole denken. Bei Pisswetter (so nennt Gregor Regentage) trafen wir uns ganz oft bei Gregor auf dem Dachboden. Wir deckten uns mit jeder Menge Süßkram ein, mit Popcorn, Schokolade, sauren Gummischlangen, Mäusespeck und

Oreos. Wir spielten Malinor, machten Prankvideos mit Oles Handy und zeichneten gemeinsam an einem Superheldencomic, der »Linus Locke – ein Held flitzt durch die Welt« heißen sollte. Wie gern wäre ich jetzt bei ihnen!

Als die Doppelstunde vorüber ist, rasen alle Kinder zu ihren Spinden, um sich umzuziehen. Zum ersten Mal stehe ich mit den anderen am Spind. Ich schlüpfe in meinen Pullover und schnappe meinen Jutebeutel, von dem noch die Klebeaugen von Jule herunterlachen.
»Was ist denn das für ein **hässlicher** Pulli?«, höre ich es hinter mir. »Der ist dir doch drei Nummern zu groß!«
Ich drehe mich um und vor mir steht Magnus. Er hat die Arme verschränkt und sieht mir direkt in die Augen.
»Sag mal, Stadtkind. Gibt's den Pulli auch in deiner Größe?«
Hinter Magnus brechen Cora und Ottis in Gelächter aus. Auch ein paar andere Kinder prusten los.
Ein richtig dicker Kloß steckt mir im Hals und das Blut schießt mir in den Kopf. Ich versuche,

so zu tun, als hätte ich Magnus nicht gehört, drehe mich um und will lässig weggehen. Doch stattdessen komme ich ins Straucheln und knalle mit voller Wucht auf den Flurboden. Magnus hat mir ein Bein gestellt! Im letzten Moment kann ich noch meine Hände schützend vor mich halten. Sekunden später zuckt ein STECHENDER Schmerz durch meine Handgelenke. Es passiert alles so schnell, dass mein Kopf keine Kommandos mehr an meinen Körper weitergibt. Verdammt! Fang ja nicht an zu weinen, Sedric. Nicht jetzt. Doch ich kann nichts dagegen tun. Mein Verstand hat längst keine Kontrolle mehr über meinen Körper.

»Jetzt heult er auch noch!«, bellt Magnus. Zwischen seinen Fingern hält er eines von Jules Klebeaugen.

Endlich fällt die Schockstarre von mir ab und ich renne aus der Schule, als wäre ein tollwütiger Hund hinter mir her. Ich will einfach nur weg. Dieses **dumme Kaff** kann mir echt gestohlen bleiben. Leben hier denn nur Idioten? Warum hat Papa bloß diesen Job angenommen?

Wie gern hätte ich jetzt Ole und Gregor bei mir. Sie hätten Magnus bestimmt zurückgeschubst. Erst als die Schule außer Sichtweite ist, kann ich wieder klar denken. Und endlich löst sich auch meine Zunge. Ich balle die Faust und rufe das allerschlimmste Wort in die Luft, das ich kenne.

Mama ist ganz schön verwundert, weil ich zuhause sofort in meinem Zimmer verschwinde. Und das, obwohl es Spiegeleier mit Kartoffelpüree gibt. Ich schnappe mir einen Stapel Comics, ziehe mir die Bettdecke über den Kopf und knipse meine Leselampe an.

Ich weiß ja nicht, wie es euch geht, aber normalerweise kann ich bei **Gruselcomics** ziemlich gut abschalten. Gebt mir Werwölfe, bucklige Hexen und Monster und ich vergesse die Welt um mich herum. Doch heute funktioniert es nicht so richtig. Das Gesicht von Magnus geistert immer wieder in meinem Kopf herum. Was für ein ätzender Typ. Ich habe dem doch nichts getan. Immer wieder muss ich daran denken. Und daran, wie die Kinder über mich gelacht haben. Da kommt mir mit einem Mal eine Idee!

Ihr müsst wissen, bei den Malinor-Sammelkarten gibt es auch »Kreativ-Karten«, also leere Karten, die man selbst kreieren kann. Ich habe einen ganzen Stapel davon. Mit schwarzem Marker zeichne ich ein Strichmännchen darauf und kritzele den Namen »Magnus« darunter. Dann suche ich mir die besten Angriffe aus meinem Deck und stelle mir vor, wie ich gegen Magnus kämpfe.

Ich jage ihn mit »**Ranolfin**«, dem Feuerdrachen, durch Azwang und verwandle ihn mit »Irandas Zauber« in eine hässliche Kröte. Mit dem mächtigen »Berserkerschwert +5« schlage ich den Spind von Magnus kurz und klein. Und allen Kindern, die blöd mitgelacht haben, schicke ich »dunklen Pechregen«.
Danach geht es mir besser.

Am Abend meldet sich mein Magen mit einem lauten Knurren. Und als ich die Zimmertür aufmache, stolpere ich fast über einen Teller. Mama hat mir Spiegeleier und Püree vor die Tür gestellt. Sie ist echt die beste aller Mamas. Mjam.

Alltag in Azwang

In den darauffolgenden Tagen versuche ich,
Magnus und seiner Idiotengang aus dem Weg
zu gehen. In der Früh warte ich so lange vor der
Schule, bis sich alle Kinder in der Klasse befinden. Dann erst gehe ich an meinen Spind und
schlüpfe in meine Hausschuhe. Ich warte noch
mal, bis Herr Rüdiger oder Frau Blume auf-
tauchen, und betrete mit ihnen zusammen die
Klasse.

Wenn Lehrer anwesend sind, traut sich Magnus
nicht, mich **blöd anzumachen**. Deshalb lautet
meine Taktik, in den Pausen sofort auf den
Schulhof zu laufen. Einer der Lehrer ist dort
immer, um aufzupassen. Ich setze mich unter
den Apfelbaum, um Malinor-Karten zu sortieren
und mein Pausenbrot zu
essen. Immer wieder gucke
ich unauffällig hoch zum
Dachboden. Irgendwo hinter
den Fenstern verbirgt sich
jenes Mädchen, das für mich
schon jetzt der liebste
Mensch in der Schule ist. Jule
Nussbaum.

Ich kann immer noch nicht so recht glauben, dass sie dort oben wirklich wohnt. So ganz alleine ohne Eltern. Doch je mehr ich darüber nachdenke, desto cooler finde ich es. Ich meine, Jule kann machen, was sie will. Sie muss sich nicht mit einem Magnus rumschlagen, keine Hausaufgaben machen und kann bis spät in die Nacht aufbleiben. Dazu hat sie die ganze Schule als **Abenteuerspielplatz** – zumindest am Wochenende.

Während der Woche ist mein Alltag ziemlich eintönig: Aufstehen, frühstücken, zur Schule gehen, Hausaufgaben machen und mit Mama das Haus renovieren. Wir haben jetzt den Tümpel von allen Algen befreit und gucken im Internet, welche Fische wir kaufen könnten. Mama ist für Goldfische, mir würden kleine Piranhas besser gefallen. Außerdem fiebere ich den Wochenenden entgegen. Denn da besuche ich Jule und erfahre mehr über sie und wie sie das alles schafft, so ganz auf sich allein gestellt.
»Weiß denn sonst noch jemand, dass du hier wohnst?«, frage ich, als ich ihr endlich wieder auf dem roten Sofa gegenübersitze.
»Mirzet, der Schulkoch. Und Lisa, die Hausmeisterin.«

»Und die erzählen es nicht weiter?«

Jule schüttelt den Kopf.

»Warum sollten sie? Es ist doch meine Ent-
scheidung, hier zu leben.«

Wenn Jule das so sagt, klingt es ziemlich ein-
leuchtend. Ich bin mir sicher, dass Mama sofort
die Polizei rufen würde, wenn ich ihr davon erzählen würde. Wahrscheinlich würde sie etwas
von Hausfriedensbruch oder Fürsorgepflicht
schwafeln.

Jule **klettert die Leiter** in ihrer Kammer hoch
und guckt aus dem Fenster.

»Hast du schon in der Schulmensa gegessen?«,
fragt sie.

Ich bin noch nicht dazu gekommen, weil ich ja
nach der Schule immer sofort nach Hause laufe.

»Noch nicht. Schmeckt es dort lecker?«

»Also Mirzet kocht wirklich fabelhaft. Du musst unbedingt mal dort dinieren. Er lässt mir immer eine Portion übrig.«

»Das ist ja toll. Du hast deinen eigenen Privatkoch.«

Jule dreht sich um und schiebt die Unterlippe nach vorn.

»Sedric, bitte versprich mir, dass du keinem von mir erzählst.«

»Das hab ich dir doch schon versprochen!«

»Ich weiß ...«

»Versprochen«, wiederhole ich es trotzdem noch mal.

Ich bin plötzlich total froh, dass ich Jule kennengelernt habe. Endlich habe ich jemanden zum **QUATSCHEN**. Es fühlt sich an wie damals mit meinen Freunden Gregor und Ole. Ich bin einer von ganz wenigen Menschen, die Jules Geheimnis kennen, und ich werde dieses Geheimnis ganz tief in mir bewahren. Kurz überlege ich, ob ich Jule von Magnus erzählen soll. Aber dann bemerke ich, dass es draußen schon dunkel ist.

»Ich muss los«, sage ich und schiebe mich durch den Vorhang. Durch das Dachfenster schimmert ein fahler Mond und taucht die

Dachkammer in einen bläulichen Schimmer. »Morgen baue ich nämlich mit Papa mein neues Bett zusammen.»

»Oh ... okay», höre ich Jule gedämpft durch den dicken Stoff sagen.

Jules Stimme klingt in diesem Moment merkwürdig traurig. Normalerweise bringt sie mich immer zur Hintertür und winkt mir nach. Doch heute bleibt sie in ihrer Kammer. Habe ich etwas Falsches gesagt?

Ich gehe ein paar Schritte und bleibe noch mal neben dem Erdbeersofa stehen. Ein Buch liegt aufgeschlagen auf der Rückenlehne. Eine kleine batteriebetriebene Leselampe liegt auf den Seiten. Für einen kurzen Moment kommen mir Zweifel, ob Jule hier allein so richtig glücklich ist.

5. Lese-Quest: Eidechse

Das neue Bett

Am nächsten Morgen nehme ich mir mit Papa mein neues Bett vor. Bis jetzt habe ich in meinem neuen Zimmer auf der Matratze direkt auf dem Fußboden geschlafen. Doch heute wollen wir zusammen ein **SUPER-SPEZIAL-BETT** bauen. Also fahren wir nach dem Frühstück in den kleinen Baumarkt im Nachbarort, um nach etwas Passendem zu suchen. Papa hat vorsichtshalber schon mal den Anhänger am Auto angebracht.

»Wie wär's mit einem Bett aus Paletten?« Papa steuert auf Holzpaletten zu, die vor dem Eingang des Baumarkts schön säuberlich aufgestapelt liegen.

»Ein Bett aus Paletten?«, frage ich zögerlich.

»Warum nicht?«, ruft Papa und winkt einem der Mitarbeiter, der gerade einen verwaisten Einkaufswagen auf den Parkplatz zurückbringt.

»Sind diese Paletten hier zu kaufen?«

»Fünf Euro das Stück«, ruft uns der Mann entgegen, ohne aufzublicken.

»Was meinst du, Sedric?«

Ich sehe mir die Paletten genauer an. Sie sind gebraucht, aber noch ganz gut in Schuss. Auf einen der ziegelförmigen Klötze, die die Palette vom Boden abheben, hat jemand mit schwarzem Filzstift einen Grinse-Smiley gezeichnet. Und da muss ich sofort an Jule Nussbaum und ihre Lachaugen denken, die sie mir auf den Jutebeutel geklebt hat.

»Wir nehmen alle!«, rufe ich, und kurz darauf sitzen wir schon wieder im Auto und fahren zurück nach Azwang. Im Anhänger die fünf Holzpaletten und eine Packung **Holzſchrauben**.

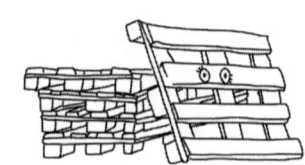

»Ein Palettenbett hat viele Vorteile«, sagt Papa strahlend.

»Ja?«, frage ich.

»Na, weil es ja auf schmalen Holzbeinen steht, haben wir jetzt auch Stauraum unter dem Bett.«

»Stimmt! Für all meine dicken wissenschaftlichen Bücher über Grottenolme!«

Da müssen wir beide lachen.

Mama macht große Augen, als sie uns mit den ganzen Paletten sieht.

»Was habt ihr denn damit vor?«

»Geheimnis!«, rufen wir gleichzeitig und schleppen die sperrigen Paletten in den ersten Stock hoch. Ich hole außerdem ein paar Holzlatten und Leisten, die ich in der Gartenhütte entdeckt habe. Wir halten uns nicht lange mit Bauplänen oder Ähnlichem auf.

«Am Ende muss die **Matratze** darauf Platz haben!«, sagt Papa und beginnt, die ersten beiden Paletten mit einem Satz Querstreben zu verbinden. Der Akkuschrauber stöhnt auf, als wir die langen Schrauben in das Holz drehen. An der Kopfseite dreht Papa die Palette quer und lässt sie ein wenig vorstehen, sodass ich später meine Leselampe dort hinstellen kann.

Mittags gibt es heiße Kartoffeln mit Sahne und Butter. Am frühen Nachmittag ist unsere Konstruktion dann fertig. Voilà – mein Super-Spezial-Bett.

Ich hole den Stapel Grusel-Comics aus dem Schrank und schiebe ihn unter das Bett zwischen die Palettenfüße.

»Du hast die Grusel-Comics also doch mitgenommen?«, wundert sich Papa.
»Die würde ich niemals zu-
rücklassen«, sage ich.

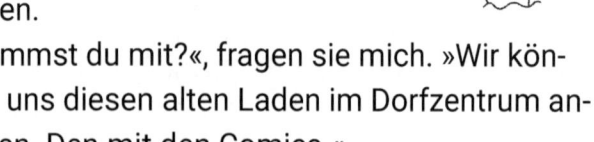

Am späten Nachmittag
wollen Mama und Papa
noch eine Runde spazieren
gehen.
»Kommst du mit?«, fragen sie mich. »Wir können uns diesen alten Laden im Dorfzentrum ansehen. Den mit den Comics.«
Aber ich habe keinen Bock, Magnus oder einem
der anderen Kinder zu begegnen, die gelacht
haben, als mir Magnus ein Bein gestellt hat.
»Ich bleibe lieber hier!«
Es ist einer dieser Tage, die so toll begonnen
haben. In der Stadt würde ich mich jetzt mit
Gregor und Ole zum Malinor-Spielen treffen und
selbst gemachtes **POPCORN** naschen.
Mama schaut mich an und zieht die Lippen
kraus.
»Mach dir doch 'ne Liste, Sedric«, sagt sie und
zieht einen großen Papierbogen aus der Schublade. Mit einem schwarzen Marker teilt sie das
Blatt in zwei Hälften und malt zwei Smileys darauf. Ein lachendes und ein weinendes.

»Also auf die linke Seite schreibst du all die Dinge, die du hier in Azwang blöd findest. Und auf der rechten Seite notierst du all die Dinge, die dir hier gefallen!« Mama zögert.
»Fällt dir denn schon etwas ein, das dir hier gefällt?«

Ich nehme den Stift und schreibe unter das weinende **SMILEY**: »Neue Klasse! Kein Malinor-Sammeltreff! Kein Gregor! Kein Ole. Nur Wald und Wiesen hier. Keine Pizzeria.«
Doch weil Mama so unglücklich dreinschaut, notiere ich auch etwas unter das lachende Smiley: »Alte Dachböden!«

Krokodil–Geschichten

Ich habe mit Jule eine besondere Methode ab-
gemacht, wenn ich zu ihr komme. Besuche sind
eigentlich nur am Wochenende möglich, wenn
die Schule geschlossen ist. Während der Woche ist die Gefahr, erwischt zu werden, viel zu
groß. Wir müssen unbedingt sicherstellen, dass
Jule und ihr Zimmer auch wirklich geheim bleiben.

Ich nehme also nicht den gewöhnlichen Schulweg, sondern laufe durch das kleine Wäldchen,
das hinter dem Schulgebäude liegt. Dort bin ich
vor **neugierigen Blicken**
sicher und kann durch ein
verstecktes, aber offenes
Kellerfenster schlüpfen, das
ich hinter mir wieder zuziehe.
Ein Schulgebäude, so ganz ohne Kinder und
Lehrer, fühlt sich irre aufregend an. Ich wette,
Gregor und Ole hätten ihre wahre Freude daran
gehabt.

Nachdem wir uns bei den ersten Treffen nur
im Dachboden aufgehalten haben, fängt Jule
an, mir die ganze Schule zu zeigen. Und ich
meine nicht die langweiligen Klassenzimmer.

Nein! Jule kennt das Herz der Schule. Sie kennt jede Tür, jede Treppe, jeden Raum und noch die kleinste Nische, in der die Hausmeisterin ihre Wischmopps verstaut.

Einmal empfängt sie mich als DETEKTIVIN verkleidet. Sie hat sich einen abgewetzten braunen Mantel umgehängt, der hinter ihr über den Boden schleift, und trägt einen Hut mit breiter Krempe. Mit einer großen Lupe in der Hand versucht sie, ein mysteriöses Verbrechen aufzuklären.

»Ein Verbrechen?«, rufe ich und fühle mich auf einmal nicht mehr so wohl in meiner Haut. Ich meine, denkt mal nach: Ich bin allein mit einem Mädchen in einem riesigen Schulgebäude. Hier kann wer weiß was alles passieren.

Aber Jules Augen funkeln.

»Eine Schülerin hat ihr Tagebuch verloren. Und wir müssen es wiederfinden!«

Sie nimmt mich bei der Hand und wir laufen den Keller ab, um Beweise zu finden. Jule schleicht gebückt durch die Räume, untersucht mit der Lupe Türgriffe und sagt Sachen wie:

»Jeder Verbrecher hinterlässt Spuren, Sedric!« oder »Einer großen Detektivin ist keine Aufgabe zu schwer!«

Wortlos begleite ich Jule.
Es dauert eine ganze Weile, bis ich
begreife, was hier vor sich geht.
Jule denkt sich einfach irgendwel-
che Geschichten aus! Und wenn
es in ihrer Fantasie ein Verbrechen
mit einem verloren gegangenen
Tagebuch gibt, dann müssen wir
es eben suchen. Dabei bin ich eigentlich zu alt
für solche Kinderspiele. Aber mit Jule – glaubt
mir – macht es einen Riesenspaß.

Ein anderes Mal erwartet mich Jule als Piratin
kostümiert, mit Augenklappe und rot-weiß
gestreiftem Segeltuch um den Kopf. Wir
laufen in den großen Turnsaal und spielen **Das
Krokodil frisst dich**. Dabei holen wir all den Kram
aus dem Geräteraum und verteilen ihn verstreut
auf dem Boden.

Die Gymnastikmatten, die Springböcke, Bänke und Balancehölzer. Wir lösen die Turnringe von der Decke und ziehen die Kletterstangen in den Raum. Am Ende ist der Boden voller kleiner Inseln, Krokodile und Lianen. Wir wechseln uns ab. Einmal bin ich das **Krokodil** und versuche Jule zu fangen. Dann schlüpft Jule in die Rolle des Tiers und jagt mich durch den Turnsaal.

Wisst ihr eigentlich, wie man weiß, dass man eine gute Zeit hat? Ich sag's euch: Man merkt gar nicht, wie schnell die Zeit vergeht. Wenn ich Jule besuche, erzähle ich Mama, dass ich im Wald spiele oder mit einem Klassenkameraden verabredet bin, mit dem ich Malinor-Sammelkarten spiele.

Ausflug zu den Höhlen

»Sedric!«, höre ich es laut aus der Küche rufen. Es ist Samstagvormittag und ich habe es mir mit einer Schale Müsli vor Papas PC gemütlich gemacht. Vor ein paar Tagen habe ich einen neuen Kanal auf YOUTUBE entdeckt. Dort spielt ein Mädchen namens Lina Knut ein ziemlich cooles Videogame. Ich habe mir extra einen Account auf DigitalGamesCarpet erstellt, um Linas Daddel-Clique beizutreten. In dieser Online-Community kann man sich mit anderen Kindern per Chat unterhalten, während Lina Knut versucht, ein neues Videogame durchzuzocken.

Später will ich noch Jule besuchen.
Bevor ich Mama antworten kann, steht sie auch schon in meinem Zimmer.
»Du weißt ja, dass Papa heute arbeiten ist.«
»Ja?!«
»Er hat sein Mittagessen vergessen.«
»Und?«, frage ich und zucke mit den Schultern. Natürlich weiß ich, was Mama von mir will, aber ich stelle mich absichtlich dumm.
»Du weißt doch, wie er ist. Er wird den ganzen Tag nichts essen und am Abend wieder ganz grummelig sein.«

Mama seufzt und zieht die Mundwinkel nach unten.

»Bringst du es ihm?«

Sie wedelt mit einer grünen Frischhaltedose in der Hand.

»Mensch, Mama! Ich wollte grade YOUTUBE gucken.«

»Das kannst du doch später noch, Schätzchen.«

Ich weiß nicht, wie es Mama immer schafft, aber sie hat diesen ganz merkwürdigen Blick drauf. Also eigentlich ist es ein total netter Blick, der bedeutet, wenn du das machst, kannst du dir beim nächsten Einkaufsbummel wieder einen Malinor-Booster aussuchen.

Also mache ich mich auf den Weg. Papas Arbeit ist ja ganz in der Nähe.

Als ich den Hügelkamm erreiche, wo sich die Höhlen der Grottenolme befinden, steuere ich auf einen Baucontainer zu. Ein Mann in gelber Schutzkleidung und mit einem ebenso gelben Helm auf dem Kopf eilt mir entgegen. An seiner Gürtelschnalle baumelt ein großes Funkgerät.

»Halt, mein Junge!«, ruft er und gibt mir mit ausgestrecktem Arm zu verstehen, nicht weiterzugehen.

Ich bleibe stehen und wedle mit der Frischhaltedose.

»Ich … äh … bringe das Essen für Herrn van Het Veld.«

Der Mann kneift die Augen zusammen und winkt mich heran.

»Du bist also der Sohn von Clemens?«

Ich nicke.

»Sorry, Kleiner! Aber seit ein paar Wochen schleichen hier ständig ein paar Kinder rum und randalieren.«

Er zeigt zum Baucontainer, auf den jemand ein Graffiti gesprayt hat.

In meinem Kopf **verknüpfe ich das Graffiti** sofort mit Magnus, der im Wald die Spraydose aus der Tasche geholt hat. Doch wenn ich eines in der Stadt gelernt habe, dann das: Sei keine Petze!

»Papa hat sein Mittagessen zuhause vergessen.«

Der Mann nickt, nimmt sein Funkgerät in die Hand und drückt den Sprechknopf.

»Herr van Het Veld bitte zum Eingang, Herr van Het Veld bitte zum Eingang.«

Es kracht und knarzt aus dem Funkgerät.
Der Mann guckt mich neugierig an. »Dein Vater
ist ein richtiger Teufelskerl, Junge. Weißt du,
keinem liegen unsere kleinen Höhlentierchen
mehr am Herzen als ihm.«
Er nimmt seinen Helm ab.
»Wie heißt du eigentlich?«
»Sedric.«
»Und wie alt bist du?«
»Elf!«
»Dann gehst du doch sicher
hier in die Schule, oder?«
Ich nicke.

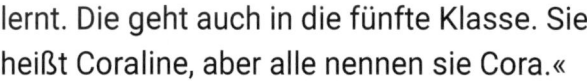

»Sicherlich hast du schon
meine Tochter kennenge-
lernt. Die geht auch in die fünfte Klasse. Sie
heißt Coraline, aber alle nennen sie Cora.«

In dem Moment erscheint Papa im Höhlenein-
gang. Er trägt ebenfalls einen Helm und eine
SICHERHEITSWESTE.
Dazu hat er Knieschützer umgeschnallt.
Als er mich sieht, guckt er kurz verwirrt, be-
merkt dann aber die grüne Dose in meiner
Hand.
»Hat dich Mama hochgeschickt?«
»Du hast dein Essen vergessen, Papa.«

»Danke, Junge.«

Papa dreht sich zu dem Mann um.

»Wie sieht's aus, Roger? Darf mein Junge mal mit in die Höhle?«

Roger verschwindet kurz in seinem Häuschen und kommt mit einem Helm inklusive Stirnlampe und einem **DICKEN ANORAK** wieder heraus.

»Wenn er das trägt, hab ich nichts dagegen.«

Grottenolme sind cool!

Kälte und sogar ein frostiger Wind erwarten uns, als wir die Höhle betreten. Das Gestein glänzt feucht. Nach ein paar Schritten führt eine Treppe steil nach unten. Ein paar alte Grubenleuchten erhellen den Weg. Es ist ziemlich aufregend hier.

»Normalerweise darf hier niemand rein«, erklärt mir Papa. Er nimmt zwei Stufen auf einmal. »Endlich kann ich dir das alles mal zeigen, Sedric!«

Ich habe Mühe, mit ihm Schritt zu halten. Er ist wie ein kleines Kind, das an Heiligabend zu seinen Geschenken läuft.

»Nur bis zum ersten Dom«, erklärt er.

Ein Dom – das hat mir Papa schon mal gesagt – sind größere Kammern unter dem Berg. Ich habe ihn ja schon öfter auf der Arbeit besucht. Aber damals in der Stadt forschte er nahezu ausschließlich im Labor und am Computer. Das hier ist viel interessanter! **Feldforschung** nennen das die Experten.

Am Ende der Treppe führt ein schmaler Gang weiter in den Berg hinein.

»Pass auf, wo du hinsteigst!«

Meine Tritte hallen durch den steinernen Schlund. Das Licht meiner Stirnlampe malt einen hellen Lichtkegel auf den Weg vor mir. Die Luft fühlt sich kalt an.

»Grottenolme paaren sich nur alle acht Jahre«, erzählt Papa und zwängt sich durch eine enge Höhlenspalte.

»Und bald ist es wieder soweit!«

Ich folge ihm. Der nackte Fels schrammt an meinem Anorak.

»Schalt jetzt bitte die Stirnlampe aus«, sagt Papa. »Grottenolme sind äußerst lichtscheu.«

Als ich mich durch die Spalte zwänge, tut sich vor mir eine riesige **HÖHLENKAMMER** auf. Der Hohlraum ist in etwa so groß wie die Turnhalle in der Schule. Das Licht der Grubenlampen ist hier gedämpft und reicht gerade noch aus, um meine Füße zu sehen. Wir sind im Dom angekommen.

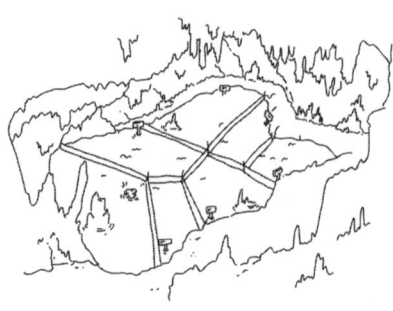

Es dauert einen kurzen Moment, ehe ich den spiegelglatten See erkenne, der sich über den Boden zieht. Er ist mit Netzen in mehrere Becken aufgeteilt. Zwei Personen mit hohen Gummistiefeln waten langsam durch das Wasser, den Blick konzentriert nach unten gerichtet. Als sie mich bemerken, nicken sie mir wortlos zu und widmen sich wieder ihrer Arbeit.

»Grottenolme werden bis zu hundert Jahre alt«, sagt Papa und schnappt sich ein Fischernetz, das auf dem Boden liegt.

»Sie bleiben ein Leben lang im Larvenstadium. Das heißt, sie werden eigentlich nie erwachsen!«

Er nähert sich einem der Becken und taucht das Netz hinein.

»Hundert Jahre in dieser Höhle«, murmele ich vor mich hin.

»Ich würde sterben vor Langeweile!«

Langsam zieht Papa das Netz wieder heraus. Etwas zappelt darin.

»Früher hat man Grottenolme für Drachenbabys gehalten.«

Er greift in das Netz und hat einen Olm in der Hand.

»Siehst du?«

Auf Bildern habe ich die Tierchen schon oft gesehen. Papa hat sogar ein großes Poster zuhause in seinem Arbeitszimmer hängen. Aber ein lebendiges Tier zu beobachten ist noch mal eine andere Hausnummer. Der Grottenolm sieht mit seinem langen, schlanken Körper wirklich aus wie ein kleiner Drache, nur dass er ganz weiß ist. Hinten und vorne ragen jeweils zwei Beinchen aus dem glitschigen Körper. Hinter dem Kopf erkenne ich kleine **Kiemenansätze**.

»Hier vorne im ersten Dom leben Olme, die wir hier angesiedelt haben. Weiter hinten sind die anderen Dome. Dort belassen wir den Lebensraum fast so, wie er seit Hunderten Jahren ist.

»Aber wie weit reicht diese Höhle noch hinein?«

»Es gibt Stollen, die viele Hundert Meter in den Berg führen.«

Bei Papas Worten zieht sich mein Bauch zusammen. Es ist gleichermaßen faszinierend und furchteinflößend hier.

Papas Augen strahlen, als sich das kleine Tierchen in seiner Hand schlängelt. Jetzt, wo ich all das einmal live und in Farbe erlebe, verstehe ich Papas Faszination besser, auch wenn es mir hier eindeutig zu kalt und dunkel ist.

»Das sind übrigens Egon und Walter.«

Papa deutet zu den beiden Männern hinüber, die immer noch wie in Gedanken versunken durch das Wasser stapfen.

»Wir haben die Vermutung, dass es sich bei den Tierchen in den hinteren Hohlräumen um eine neue Spezies handeln könnte.«

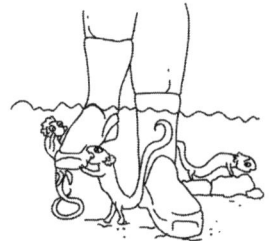

Papa lässt den Grottenolm wieder ins Wasser gleiten und geht ans Ende des ersten Doms. Er presst den Finger gegen seine Lippen und bedeutet mir, still zu sein. Dann zeigt er mit der anderen Hand in Richtung eines weiteren Höhlenbereichs, der nahezu in VÖLLIGER DUNKELHEIT liegt. Ich kneife die Augen zusammen und starre ins Dunkel. Hinter einer Biegung erkenne ich kaum merklich, dass dort ein weiterer See liegt, der sich ins Innere des Berges windet.

»Du weißt ja, dass europäische Grottenolme normalerweise blind sind und über keine Augen verfügen«, flüstert Papa und gibt mir zu verstehen, ihm zu folgen.

6. Lese-Quest: Dodo, der Grottenolm

Ich winke Egon und Walter zum Abschied.

»Wir glauben, dass die Olme, die hier leben, über ausgeprägte Augen verfügen.«

»Heißt das, ihr habt eine neue Art von Grottenolmen gefunden?«, frage ich und folge Papa aus der Höhle hinaus. Ein warmer Windhauch empfängt uns.

Ich weiß ja nicht viel über Wissenschaft, aber wenn jemand etwas Neues entdeckt, dann ist das meistens eine ziemliche Sensation. Wie toll wäre es, wenn Papa mit seinem Team eine unbekannte Art **Drachenbabys** entdeckt!

»Noch haben wir nichts gefunden«, bremst mich Papa. «Die Olme hier in diesem Bereich sind unglaublich lichtscheu und verkriechen sich schon bei der kleinsten Lichtverschmutzung.«

»Woher wisst ihr dann, ob es hier hinten auch Olme gibt?«

»Wir haben ein selbstfahrendes U-Boot in den See gebracht.«

»Ein U-Boot?«, frage ich und nehme einen tiefen Atemzug. Ich bin richtig erleichtert, wieder die Sonne über mir zu sehen und ihre Wärme auf meinem Gesicht zu spüren.

Und als ich mir gerade vorstelle, wie so ein Mi-
ni-U-Boot aussieht, das durch den dunklen Höh-
lensee taucht und verdutzte Grottenolme auf-
stöbert, lacht Papa laut auf.

»Wir nennen es nur **U-Boot**. Eigentlich ist es
eine umgebaute wasserdichte Kamera, die auf
einer Boje durch den unterirdischen See
schwimmt und Videoaufnahmen macht, wenn
sich etwas bewegt.«

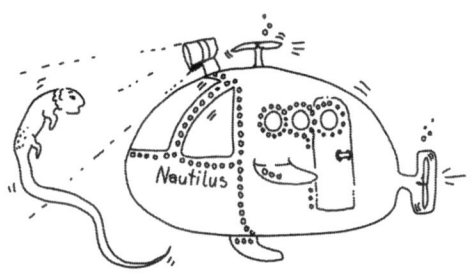

Der Spielzeugladen

Am Nachmittag gießt es wie aus Kübeln. Die dicken Regentropfen klatschen gegen die Fensterscheiben meines Zimmers. Ich fahre den PC herunter und gucke zum grauen Himmel hoch. Bei diesem Wetter ist bestimmt niemand unterwegs! Die beste Zeit also, um sich mal den alten **Spielzeugladen** aus der Nähe anzuschauen.

Nach dem Frühstück schlüpfe ich in meinen Regenmantel. Ich laufe das kurze Stück über den Kiesweg und die kleine Steintreppe hinunter. Rechts von mir taucht die Fabrik auf, die hinter dem hohen Zaun wie ein Gefängnis aussieht. Die Straßen sind so gut wie menschenleer.

»In kleinen Orten wie Azwang klappen sie am Wochenende die Gehsteige hoch!«

Papas Worte kommen mir in den Sinn, als ich das Dorfzentrum erreiche. Aus der Bäckerei dringt **gedämpftes Licht** und ich erspähe durchs Schaufenster einen Mann mit Hut, der sich mit der Bäckerin unterhält.

Das Schaufenster des Spielzeugladens ist unverändert. Der muss vor Jahren zugemacht haben. Mein Blick fällt auf den Gespenstercomic im Schaufenster. Aus der Nähe betrachtet ist er noch cooler. Das Friedhofsbild ist richtig geil gezeichnet, die Knochenhand, die aus dem Grab kommt, könnte auch aus einem Gruselfilm stammen.

Wie gern würde ich den Comic lesen. Alles in mir sehnt sich danach.

»Wen haben wir denn hier?«, kommt es so unerwartet von hinten, dass ich zusammenzucke.

»Wenn das nicht Sedric, die Flasche, ist!«

In der Spiegelung des Schaufensters erkenne ich Magnus und seine zwei dämlichen Freunde. Mir läuft es eiskalt über den Rücken. Meine Gedanken rasen. Was machen die denn hier? Haben sie mich erwartet? Schnell überschlage ich meine Möglichkeiten.

Angriff kommt schon mal nicht infrage. Gegen die drei habe ich nicht die geringste Chance. Auch mit Verteidigung sieht es nicht gerade rosig aus. Was soll ich tun? Mich auf der Straße zusammenrollen und winseln? Bleibt also nur noch die Flucht.

Ich drehe mich langsam um. Mein Blick fällt auf die Bäckerei. Wenn nur der Mann aus der Bäckerei kommen würde! Vielleicht würde ich es sogar schaffen, die Tür zu erreichen, ehe mich Magnus in die Finger bekommt. Doch Magnus wittert meine Taktik. Mit einem **schnellen Satz** ist er auf dem Gehsteig und versperrt mir den Weg.

Er spuckt vor mir auf den nassen Asphalt. Cora macht es ihm gleich und stellt sich breitbeinig auf die gegenüberliegende Seite des Gehsteigs. Ottis bleibt am Rand der Straße stehen und verschränkt die Hände. In meinem Kopf rattert es. Okay, es bleibt also nur der Weg über den Holzzaun, der zwischen dem Spielzeugladen und der Bäckerei steht.

»Schnappt ihn euch!«, ruft Magnus und ballt die Fäuste. Ich wirbele herum und laufe auf den Holzzaun zu. Ob durch Geschick oder Glück – jedenfalls schaffe ich es, mit einem beherzten **Sprung** über den Zaun hinwegzusetzen. Kaum habe ich wieder Boden unter den Füßen, höre ich, wie ein Fenster zur Straßenseite aufgerissen wird. Eine tiefe Stimme dröhnt vom ersten Stockwerk auf den Geh-

steig:

»Da holt mich doch der Teufel. Macht, dass ihr wegkommt! Das ist Privatgrund!«

Mein Herz hämmert gegen meine Brust. Ich bleibe stehen. Jeden Moment erwarte ich, dass Magnus ebenfalls über den Zaun springt. Doch an diesem Tag erwischt er mich nicht. Ich stütze meine Hände auf die Knie und komme langsam wieder zu Atem. Ich warte einen Moment und höre endlich, wie das Fenster über mir wieder geschlossen wird. Dann ist alles still. Vorsichtig gucke ich mich um. Hier sieht es aus wie auf einem **SCHROTTPLATZ**. Kletterpflanzen ziehen sich kreuz und quer über die Wände. Gerümpel auf dem Boden, ein altes Dreirad, das vor sich hin rostet, und **kaputte Blumentöpfe**, deren Scherben auf dem Boden verstreut liegen. Hat die jemand von oben heruntergeworfen? Vielleicht der, der gerade aus dem Fenster gerufen hat? Ich zittere am ganzen Leib.

Doch dann fällt mein Blick auf ein zweites Schaufenster, das auch zum Haus gehört und vom Gehsteig aus nicht zu erkennen war. Das Glas ist vergilbt und dreckig, es muss jahrelang nicht mehr sauber gemacht worden sein. Und dennoch ist es das beste Schaufenster, das ich je gesehen habe.

Dahinter sind schön säuberlich Dutzende Gruselcomics aufgestellt, als wäre der Besitzer nur eben kurz weggegangen. Und rechts an der Seite liegt ein Karton mit Sammelkartendecks von Malinor!

Ich trete näher und drücke mein Gesicht gegen die Scheibe. Mit aufgerissenen Augen starre ich auf die Box und kann es kaum fassen. Das sind Decks aus der ersten Auflage des Spiels. Damals nur in einer geringen Menge gedruckt, heute ein Vermögen wert. Irgendwie muss ich an die Karten kommen! Etwas weiter hinten entdecke ich ein kleines Schild, auf das ein Name und eine Telefonnummer gekritzelt sind. Leider ist die Schrift so klein, dass ich sie nicht entziffern kann.

Über mir knarzt es und ich höre, wie sich jemand an einem Fenster zu schaffen macht. Jetzt aber schnell weg! Ich biege um die Hausecke und finde mich hinter der Bäckerei wieder. Ein paar verwilderte Sträucher versperren mir den Weg. Doch ein Gedanke an Magnus und  seine Gang reicht, um nicht lange zu überlegen. Mit Schwung schiebe ich mich durch das Dickicht und lande auf dem alten Fabrikgelände. Papa hat mir davon erzählt. Früher sind hier Eisenwalzen gegossen worden, doch die Fabrik ist seit Jahren dicht.

Nach ein paar Metern finde ich den Zaun, der das Gebäude vom Gehweg trennt. Ich kletterte darüber und laufe zur Treppe zurück, die in den oberen Bereich des Ortes führt. Nass vom Schweiß und vom Regen stehe ich endlich vor unserem Haus. Erst jetzt merke ich, dass mein **REGENMANTEL** auf Hüfthöhe an einigen Stellen aufgerissen ist. Was für ein Tag!

Pancakes

Am nächsten Morgen wache ich noch vor Sonnenaufgang auf und sofort denke ich wieder an meine Entdeckung. Ich wälze mich auf meinem Palettenbett hin und her. Irgendwie muss ich an die Malinor-Sammelkarten aus dem Schaufenster rankommen! Die haben es mir echt angetan.

Am Abend zuvor habe ich noch im Internet nachgesehen, wie die Karten gehandelt werden. Es gibt tatsächlich Leute, die für eine ungeöffnete Packung aus der ersten Auflage ein paar **Hundert Euro** ausgeben. Aber wisst ihr was? Darum geht es mir gar nicht. Ich will die Karten nur angucken, mit ihnen spielen und mir damit ein besonderes Deck zusammenstellen. Doch wie soll ich die Karten in die Finger bekommen? Erst als die Sonne in mein Zimmer scheint und ich im unteren Stockwerk Mama und Papa höre, die Frühstück machen, kommt mir eine Idee.

Sonntags gibt es im Hause van Het Veld Bananen-Ei-Pancakes. Kennt ihr nicht? Ist der Hammer, sag ich euch.

Jedenfalls schaufele ich die Leckerei schnell in mich hinein, um zur Schule zu laufen. Mama hat längst Verdacht geschöpft, dass ich mich mit jemandem treffe.

»Wer ist denn eigentlich Jule?«, fragt sie.

»Ähm, wer?« Ich tue so, als ob ich den Namen nicht kenne.

»Jule Nussbaum. Du hast den Namen auf deine Liste geschrieben.«

Ach du Kacke, daran habe ich nicht mehr gedacht. Dummerweise habe ich »Jule« auf dem Papierbogen in meinem Zimmer notiert – natürlich unter dem lachenden Smiley.

Jetzt muss ich mir schnell etwas einfallen lassen, denn ich kann Mama ja wohl kaum die Wahrheit erzählen.

»Das ist eine Mitschülerin«, sage ich schnell. Mama grinst.

»Und du triffst dich mit ihr?«

Eltern können manchmal echt nerven mit ihren Fragen.

»Wir lernen zusammen.«

Und dann frage ich Papa schnell, ob er schon die neue Spezies der Grottenolme entdeckt hat. Das ist ein prima Ablenkungsmanöver, damit Mama nicht mehr wegen Jule nachbohrt. Denn Papa hat tatsächlich eine Entdeckung gemacht.

»Ich hab dir doch von den Olmen erzählt, die Augen haben!«, sagt er und tunkt seine Bananen-Pancakes in Ahornsirup, so wie er es am liebsten mag.

»Ja«, rufe ich, »erzählst du mir heute Abend davon?«

»Äh, ja, wenn du willst«, sagt Papa mit vollem Mund.

Ich packe die restlichen Pancakes ein und schnappe mir meinen Jutebeutel.

»Bis später, hab euch lieb!«

Jule sitzt auf dem roten Sofa, als ich zehn Minuten später durch die Dachbodentür trete.

Sie hat mich natürlich längst bemerkt und nickt mir lächelnd zu.

»Was machst du denn heute?«, frage ich.

»Ich wollte ein Buch lesen«, sagt sie. »Und dabei Vanillepudding essen. Mirzet hat mir einen ganzen Topf **Pudding** in den Kühlschrank gestellt.«

»Passen auch Pancakes dazu?«

Jule strahlt über das ganze Gesicht, als ich die Pancakes vor ihr auspacke.

»Das sieht ja megalecker aus!«, ruft sie.

Und so sitzen wir im großen Dachbodenraum und machen uns über die Bananen-Pancakes her. Ich habe noch nie jemanden mit so großem Appetit essen sehen.

Mit Jule an meiner Seite ist der große, dunkle Dachbodenraum nicht mehr so unheimlich wie am ersten Tag, als ich nach Freund Hein gesucht habe.

»Sag mal, Jule«, fange ich an. »Hier gibt es doch viele alte Sachen, oder?«

Jule nickt.

Sie stellt die Pancakes beiseite und wischt sich die Hände an ihren Leggins ab.

»Komm, ich zeig dir was!«

Sie öffnet einen großen, braunen Holzschrank, der quietschend aufschwingt. Im Inneren hängen verschiedene Kostüme, aufgereiht auf Kleiderbügeln.

»Ich hab dir doch erzählt, dass die Schule früher ein Theater war.«

Jule zieht ein langes grünes Kleid aus dem Schrank. Es ist für eine erwachsene Frau und viel zu lang für Jule. Trotzdem hält sie es an ihren Körper und dreht sich vor dem Spiegel, der an der Innenseite der Schranktür befestigt ist.

»Irgendwann möchte ich mal dieses Kleid anziehen. Gefällt es dir?«

Jule wendet sich zu mir und sieht mich fragend an.

»Es ist zu lang«, kommentiere ich wahrheitsgemäß. Am Oberteil des Kleids sind grüne Federn eingearbeitet, sodass es aussieht wie das FEDERKLEID eines Vogels. Nach unten hin ist das Kleid schlicht und aus grünem Samt.

»Nicht das Kleid ist zu lang, sondern ich bin zu kurz!«

Jule läuft ein paar Schritte und dreht sich. Dabei summt sie eine Melodie.

»Gibt es hier auch ein Fernrohr?«, frage ich.

Einen Moment bleibt Jule irritiert stehen. Dann nickt sie und führt mich in den hinteren Bereich des Dachbodens. Aus einer Schublade zieht sie einen länglichen Lederbeutel, den sie vorsichtig öffnet.

»Willst du heute Nacht die Sterne beobachten?«, fragt sie und hält mir das Fernrohr unter die Nase.

»Besser«, sage ich. »Viel besser!«

Geheime Wege

»Wann warst du das letzte Mal draußen?«

»Och, das ist schon eine Weile her«, murmelt Jule.

»Dann kommst du einfach jetzt mit.«

Jule starrt mich an.

»Jetzt?«

»Ja, warum nicht?«

»Ich weiß nicht.«

Sie stellt sich ans Fenster und **trippelt** unsicher von einem Bein aufs andere.

»Eigentlich«, beginnt sie zögernd, »kann ich nicht so einfach raus, weißt du?«

»Aber ...«, setze ich an.

»Du verstehst das nicht, Sedric!«

Es ist das erste Mal seit Langem, dass sie mich beim Namen nennt.

»Weißt du, manchmal geh ich raus, wenn es dunkel ist. Im Sommer bin ich sogar zum See gelaufen und geschwommen, wenn du es genau wissen willst.«

»Aber du hast doch gesagt ...«

»Ich weiß, was ich gesagt habe.«

Jule kaut an ihrer Unterlippe.

»Was, wenn mich jemand sieht und mich zurück ins Heim bringt?«, fragt sie.

Dabei wird ihr Gesicht ganz starr, so als hinge sie einem düsteren Gedanken nach.

Jule ist also gezwungen, in der Schule zu bleiben. Ich komme mir ganz schön doof vor, weil ich zu Mama und Papa so ätzend gewesen bin, nur weil wir in ein Dorf gezogen sind. Jule hat nicht mal Eltern. Sie wohnt auch noch allein in einem **RIESIGEN**, kalten Gebäude und kann nicht einfach ins Freie laufen, wenn sie Lust dazu hat.

Ein komischer Gedanke schießt mir durch den Kopf. Hat sie nicht davon gesprochen, dass die anderen Kinder im Kinderheim für gewöhnlich von erwachsenen Pärchen adoptiert werden? Was, wenn meine Eltern Jule adoptieren? Dann wäre sie meine Schwester. Damit hätten sich alle Probleme von ihr in Luft aufgelöst. Wie cool wäre das denn!

Jule steht noch immer am Dachbodenfenster und guckt hinaus.

»Und wenn wir im Verborgenen bleiben?«, sage ich.

»Aber ...«, sagt Jule.

»Niemand wird dich sehen, versprochen! Wir gehen auf Geheimwegen.«

»Geheimwege?«

»Ja, wir nehmen die versteckten Wege! Ich habe einen Schleichweg entdeckt, auf dem man ungesehen zum besten Ort in ganz Azwang kommt.«

Jules Augen funkeln, als hätte ich ihr gerade von einem versteckten Schatz erzählt.

»Egalomenno!«, ruft sie plötzlich. »Und wo ist dieser interessante Ort, den du mir zeigen willst?«

»Lass dich überraschen! Und nimm das Fernrohr mit!«

Kurze Zeit später stapft Jule tief eingepackt in einen langen Mantel und mit einer blauen Mütze auf dem Kopf neben mir her. Es ist irgendwie komisch, außerhalb der Schule, wo sie jeden Winkel und jeden Raum in- und auswendig kennt, mit ihr unterwegs zu sein.

»Alles gut?«, frage ich.

»Selbstredend!«

»Hä?«

»Na klar, Sedric!« Sie lacht.

»Ich kenn' echt keine wie dich.«
Grinsend schüttele ich den Kopf.
»Wie meinst du das?«
»Ich meine deine Wörter, die du benutzt. Die verwendet sonst keiner.«
Jule zuckt mit den Schultern. »Das kommt wahrscheinlich von den alten Büchern, die ich lese.«
»Find' ich echt gut.«
»Ich find' es auch ganz famos!«
Wieder so ein Wort.
»Und du liest all die **alten Bücher**?«
»Ja, auch wenn manche ganz muffig riechen. Aber ich mag spannende Geschichten.«

Ich habe Jule unterwegs in meinen Plan eingeweiht. Wir müssen herausfinden, wem der Laden gehört und was auf diesem unleserlichen Zettelchen steht.

Wir laufen durch das Wäldchen, das hinten an das Schulgebäude angrenzt. Hier draußen wirkt Jule **seltsam** zurückhaltend, fast ängstlich.
Ihre Schritte sind zögerlich.

Immer wieder sieht sie sich um und horcht angespannt. Erst als wir unter der Brücke sind, scheint sie wieder das aufgeweckte Mädchen zu sein, das ich in der Schule kennengelernt habe.

7. Lese-Quest: Erwischt

Wir laufen an den Gebäuden der stillgelegten Fabrik vorbei. Wie leblose Riesen ragen die hohen Türme auf.
Nach einem Sprung über den Zaun erreichen Jule und ich den Seitengang des alten Spielzeugladens.
»Guck, das ist das Kartendeck, auf das ich es abgesehen habe.«
Jule kommt näher.
»Kannst du mir sagen, was dort hinten auf diesem kleinen Zettel steht?«, frage ich.
Jule zieht **das Fernrohr** aus ihrer Manteltasche, nimmt es vor ihr Auge und dreht einige Sekunden am Scharfstellrad.
»Und? Erkennst du was?« Gespannt halte ich die Luft an.
»Ja. Hast du was zum Schreiben?«
Natürlich. Ich habe mir extra ein Blatt Papier und einen Bleistift mitgenommen.

»Also … dort steht … Eigentümer Uwe Kotter …
An- und Verkauf … Telefonnummer: 444-621-
33. Hast du es?«

»Alles aufgeschrieben!« Triumphierend halte
ich meinen Zettel in die Höhe.

Jule schwenkt das Fernrohr nach links und
japst: »Oh … dort hinten ist ja auch noch jede
Menge Zeugs.«

Ich KNEIFE DIE AUGEN zusammen, doch ohne
Fernrohr ist nur schwer erkennbar, was es da
noch alles gibt.

 »Ich sehe ein großes Regal voller alter Bücher«,
ruft Jule. »Und … warte … ein paar Puppen,
Teddybären, eine Modelleisenbahn, Berge von
Comics, haufenweise Klamotten …«

Jule reicht mir das Fernrohr. Sie hat recht. Der Laden ist vollgestopft mit Krimskrams. Und dann ... entdecke ich eine Tür, die einen Spalt weit offensteht! Dahinter brennt Licht. Mein Herzschlag wird schneller. Was, wenn uns der Ladenbesitzer hier entdeckt? Schließlich hat er irgendetwas von Privatgrundstück gerufen, als ich vor Magnus abgehauen bin.

»Lass uns verschwinden«, flüstere ich und gebe Jule das Fernrohr zurück.

Als wir den Weg über das Fabrikgelände zurücklaufen, sprudelt es aus Jule heraus:

»Hast du das alles gesehen? Ich wette, in dem Laden hat früher jeder in Azwang eingekauft!«

»Warum der wohl zugemacht hat?«, grübele ich.

»Vielleicht ist der Besitzer gestorben?«

Ich schüttele den Kopf und erzähle Jule von dem Tag, als mir Magnus vor dem Laden aufgelauert hat.

»Du meinst Magnus Mollner, der aus deiner Klasse?« Jules Miene verfinstert sich.

»Er hat es irgendwie auf mich abgesehen.«

Ein warmes Gefühl breitet sich in mir aus. Es fühlt sich total richtig und gut an, Jule davon zu erzählen. Vielleicht hat Mama doch recht damit, dass man **traurig** davon wird, wenn man alles in sich reinfrisst.

»Er hat mich auch schon mal geschubst in der Schule«, erzähle ich weiter.

Jules Schritte werden langsamer.

»Magnus ist ein echter Idiot!«, sagt Jule, als ob sie ihn schon eine ganze Weile kennen würde.

»Kennst du ihn?«

»Ich weiß, dass er andere richtig mies behandelt. Komm, ich muss dir etwas zeigen.«

Zurück auf dem Dachboden der Schule legt Jule erst mal das Fernrohr zurück. Dann nimmt sie meine Hand und führt mich in die Ecke des Dachbodens. In etwa dort, wo ich Freund Hein damals gefunden habe. Sie kniet sich hin und schiebt ein **kleines Stück Stoff** beiseite, das flach auf dem Boden liegt.

Ich starre mit großen Augen auf die Stelle. Dort, wo gerade noch das Stück Stoff war, zeigt sich nun ein Loch im Boden. Ein Loch in der Größe einer Walnuss. Ich lege mich auf den Bauch und gucke durch das Loch.

Und da erzählt mir Jule zum ersten Mal von den Gucklöchern, die es überall im Dachboden gibt.

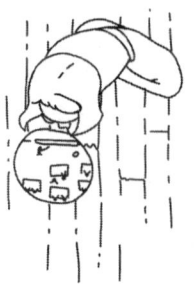

»Das ist ein Theater-Guckloch.«

Ich ziehe die Augenbrauen hoch.

»Guckloch?«

»Ja, Guckloch.«

Jule nickt.

»Kleine Löcher, die an manchen Stellen in die Decke gebohrt wurden, um auf die Bühne runterzusehen.«

»Bühne?«

Ich stehe auf dem Schlauch und verstehe nur Bahnhof.

»Schon vergessen? Früher war das hier ein Theater!«

»Du meinst, du kannst von hier oben in die Räume darunter schauen?

Jule nickt.

»Durch dieses Loch hier kann ich in deine Klasse sehen!«

»Aber ... wieso ... ich meine ... wenn ich in der Klasse hochgucke, kann ich dann nicht diese Löcher sehen?«

»Nein. Denn die Löcher sind so klein, dass man von unten nur dunkle Flecken sieht. Aber von oben kann man **prima** dem Unterricht folgen.«

»Das heißt, du kannst alles hören und sehen, was wir im Klassenzimmer machen.«

Jule nickt erneut.

»Du gehst also doch zur Schule!«, rufe ich. »Du bist wie ein blinder Passagier auf einem Schiff. Niemand weiß, dass du da bist. Aber du bist trotzdem da.«

»Irgendwie schon.« Jule grinst. »Jedenfalls habe ich da oft gehört, wie die Lehrer über Mobbing geredet haben. Ihre Gesichter werden dabei immer ganz ernst.«

»Wie bei Herrn Rüdiger«, erinnere ich mich.

»Da war Magnus aber richtig sauer an dem Tag«, ergänzt Jule.

»Du hast es gesehen?« Mir fällt vor lauter Schreck fast der Zettel mit der Telefonnummer des Ladenbesitzers aus der Hand.

»Warum hast du es Herrn Rüdiger nicht gesagt, dass Magnus dich geschubst hat?«, will Jule wissen.

Ich zucke mit den Schultern. So genau weiß ich das auch nicht.

»Ich hab gedacht, wenn ich nichts sage, wird er schon irgendwann damit aufhören.«

»Und wenn nicht?«, bohrt Jule weiter.

»Dann sage ich es Herrn Rüdiger.«

»**Pfadfinderehrenwort**?«

Jule hält mir den ausgestreckten kleinen Finger hin.

»Was ist denn das?«

»Hab ich mal in einem Buch gelesen. Das heißt, du musst schwören, zu einem Lehrer zu gehen, wenn Magnus noch mal gemein zu dir ist.«

»Okay!«

»Jetzt streck deinen kleinen Finger nach vorne und hake ihn bei meinem ein.«

Und so lerne ich an diesem Tag von Jule, was ein Pfadfinderschwur ist.

»Und«, frage ich kurze Zeit später und wedele mit dem Zettel in meiner Hand. »Was machen wir jetzt hiermit?«

»Na, du rufst an!«

»Was?«

»Ja doch! Auf dem Zettel steht eine Nummer. Du rufst an und fragst den Kerl, ob er dir die Karten verkauft. Ist doch ganz einfach!«

»Hm, ich weiß nicht. Außerdem hab ich kein Handy. Es sei denn …«

Mir fällt der Parkplatz ein, wo Papa die Landkarte ausgepackt hat – vor ein paar Wochen, als wir hergezogen sind.

»Was meinst du?«

Jule hat wieder dieses Glitzern in den Augen.

»Ach, da gibt es so ein Telefonhäuschen gegenüber vom SPIELZEUGLADEN.«

»Worauf warten wir dann noch?«

Jule zieht sich die Mütze tief ins Gesicht und wir laufen den Weg über das Fabrikgelände zurück. Vor lauter Aufregung denkt sie gar nicht mehr daran, dass uns jemand sehen könnte.

Ohne anzuhalten, springt sie über den Zaun und überquert die Straße. Erst vor dem Telefonhäuschen bleibt sie stehen.

»Egalomenno!«, ruft sie keuchend.

Ich habe noch nie eine dieser alten Telefonzellen betreten. Sie ist gerade groß genug, dass Jule und ich knapp reinpassen. Ein zerfleddertes Telefonbuch liegt auf dem Boden, daneben Zigarettenstummel und eine zerbrochene Bierflasche. Es riecht nach kaltem Rauch.

»Och nee!«, seufzt Jule, als sie mir den Hörer in die Hand drückt. »Das kostet ja Geld!«

Ich krame in meinem Jutebeutel und hole ein paar Münzen hervor.

»Hab ich immer dabei«, entgegne ich Jules fragendem Blick.

»Für Mäusespeck und Oreos.«

Ich lege den Zettel vor mich hin und tippe die Nummer in die Wähltasten.

Das Telefonat

Es klingelt. Zweimal, dreimal, viermal. Fünfmal. »Ist wohl niemand zuhause«, murmele ich und will den Hörer wieder einhängen. Irgendwie bin ich auch erleichtert, dass niemand abgehoben hat. Ich habe mir noch gar nicht genau überlegt, was ich überhaupt sagen soll.

»Warte noch«, sagt Jule. »Vielleicht hat er das Telefon in einem anderen Raum und muss erst mal dorthin.«

Also lasse ich es noch weiter klingeln. Sechsmal, siebenmal …

»Vielleicht ist es auch die falsche Nummer.« Kaum habe ich das gesagt, **knackst** es in der Leitung und eine tiefe Stimme antwortet: »Kotter.«

Ich nehme den Hörer vom Ohr und presse ihn gegen meine Brust.

»Er … er hat abgehoben. Was soll ich denn jetzt sagen?«

Meine Gedanken drehen sich im Kreis. Was, wenn mich der Alte gesehen hat, wie ich über das Tor gesprungen bin? Der kann mich doch sicher wegen Hausfriedensbruch oder so etwas drankriegen!

»Stell dich erst mal vor.« Jules Stimme klingt ganz ruhig. »Und dann fragst du, ob der Laden ihm gehört.«

Doch ich bringe keinen Ton heraus. Ich bin wie versteinert.

Aus dem Hörer hören wir erneut die Stimme: »Kotter! Wer ist denn da?«

Jule nimmt mir den Hörer aus der Hand und hält ihn sich ans Ohr.

»Guten Tag, Herr Kotter. Hier spricht Jule Nussbaum. Kann man in Ihrem Laden etwas kaufen?«

Irgendwie bekomme ich plötzlich keine Luft mehr in der engen Telefonzelle. Ich stürze nach draußen und mein Blick wandert zu dem Laden, der nur einen **Steinwurf** entfernt auf der anderen Straßenseite liegt. Ich bin mir sicher, dass mich der Alte gerade jetzt in dem Moment vom oberen Fenster aus anstarrt. Das kennt man doch aus jedem Gruselfilm.

Einen Augenblick glaube ich, einen Schatten hinter den Vorhängen zu erkennen. Ich verstecke mich hinter der Telefonzelle und lasse mich dort keuchend zu Boden gleiten. Mein Herz rast wie ein ICE-Zug.

Erst nach einer ganzen Weile kommt Jule aus der Telefonzelle und setzt sich neben mich.
Ich verziehe gequält das Gesicht. Jetzt hält sie mich sicherlich für einen völligen Feigling! Und sie hat ja auch recht.
Doch Jule klopft mir auf die Schulter und gibt mir den Zettel zurück.
»Hab ich dir schon mal vom **EGALOMENNO** erzählt?«
»Egalomenno? Das rufst du doch dauernd … Was heißt das?«
»Da gibt es einen Philosophen, der über das Egalomenno geschrieben hat.«
»Was soll denn das sein?«, frage ich noch mal.
»Na, ein Zauberwort«, erklärt Jule. »Das hab ich in einem Buch gelesen. Kurt Kolinzki hat das erfunden. Immer wenn er ein Problem oder schreckliche Angst hatte, dann rief er: Egalomenno!«
»Und was bedeutet das?«
»Es vertreibt Angst und verleiht Superkräfte.«

»Wie das?«

Jule zuckt mit den Schultern. »Das weiß ich auch nicht so genau. Aber dieser Kurt Kolinzki sagt, dass jeder Mensch so ein kleines Wörtchen hat, das ihm Bärenkräfte verleiht. Nur muss man das Wörtchen einmal finden.«

»Na toll. Das könnte so gut wie jedes Wort sein. Hast du dein Wort schon gefunden?«

Sie schüttelt den Kopf.

»Ich hab mir einfach Kurts Wörtchen ausgeliehen.

Aber nur so lange, bis ich meines finde.«

Ein Traktor tuckert an uns vorbei. Als der Mann am Steuer in unsere Richtung sieht und uns zunickt, weicht alle Farbe aus Jules Gesicht.

»Schnell zurück«, flüstert sie.

Ein fieser Streich

»Was hat eigentlich dieser Kotter gesagt?«, will ich wissen, als wir wieder auf dem Dachboden sind.

Jule nimmt ihre Mütze ab und schlüpft aus dem Mantel. Sie streckt beide Arme von sich, dreht sich einmal im Kreis und macht es sich auf dem **Erdbeersofa** gemütlich. Ich muss augenblicklich an einen Hund denken, der sich erst mehrmals im Kreis dreht, bevor er sich auf seinem Lieblingskissen niederlässt.

»Er hat gefragt, ob ich seinen Hund gefunden habe.«

»Seinen Hund?«, wiederhole ich.

»Ja, er ist auf der Suche nach seinem Hund. Der ist vor zwei Wochen spurlos verschwunden.«

»Aber wir haben doch nichts mit seinem Hund zu tun!«

»Ja, das hab ich ihm auch erklärt und gesagt, dass wir an den Sachen im Schaufenster interessiert sind.«

»Und?«

»Er hat sich sehr gefreut.«

»Echt? Also kann ich sie ihm abkaufen?«

»Leider nein … also nicht im Laden.«

»Hä? Was soll denn das heißen?«

»Er hat den Laden vor Jahren geschlossen. Aber wenn wir etwas haben wollen, sollen wir ihn auf dem FLOHMARKT besuchen.«

»Auf welchem Flohmarkt?«

Jule erzählt mir, dass in Azwang dreimal im Jahr ein Flohmarkt stattfindet. Im Frühling, Sommer und Herbst.

»Und auf diesem Flohmarkt verkauft der Alte seine Sachen?«

»Das hat er gesagt, ja.«

»Hm, und wann ist dieser Flohmarkt?«

»Nächste Woche!« Jule strahlt mich an.

»Prima!« Schon so bald – das sind doch mal gute Nachrichten! »Und wo?«

»Auf dem Schulgelände.«

»Was? Das wird ja immer besser!«

»Da gibt es nur ein Problem.«

»Und welches?«

Jule läuft zu ihrer Truhe und holt ein Buch heraus.

»Was ist das?«

»Das, Sedric, ist das Heiligtum von Magnus. Sein geheimstes Geheimbuch!«

Jule drückt mir das Buch in die Hand. Auf dem Cover steht **Prankbibel**. Eigentum von Magnus Mollner.

Ich reiße die Augen auf und schnappe nach Luft. »Wo... woher hast du das?«, stammele ich und traue mich nicht, es zu öffnen.

»Aus seinem Spind«, sagt Jule mit gedämpfter Stimme und schlägt das Buch auf. »Ich hab's gestern Nachmittag rausgeholt.«

»Du hast den Schlüssel von Magnus' Spind?«, staune ich.

»Magie.« Jule grinst, wird aber gleich wieder ernst. »Guck dir das an. Magnus will den »Neuen« in der Schultoilette einsperren.«

Mein Magen zieht sich zusammen. Ich weiß natürlich sofort, wer mit »dem Neuen« gemeint ist.

Ich starre auf die Buchseite.

»Aber … wie?«, ist alles, was ich hervorbringe.
»Magnus wird sich einfach den Schlüssel aus
der Werkstatt der Hausmeisterin klauen! Das
hat er schon mal gemacht.«
»Dann klettere ich einfach aus
dem Fenster«, sage ich.
»Die Fenster im Erdgeschoß
sind alle VERGITTERT«, gibt Jule zu
bedenken. »Dort kommst du
nicht raus! Du musst es dem
Rektor sagen.«

Jule hat recht. Der geplante
Scherz von Magnus ist ziemlich fies. Die Idioten
wollen mich offenbar einen ganzen Tag lang in
die Toilettenkabine einsperren, ohne Handy und
die Möglichkeit abzuhauen.
Ein dicker Kloß macht sich in meinem Hals
breit und ich muss schlucken.
»Aber Magnus wird es abstreiten, er wird sagen, er hat das nur zum Spaß in das Buch geschrieben.«
»Du hast recht«, stimmt Jule mir zu.
»Warte mal«, flüstere ich, als würden die Wände Ohren haben. »Steht da auch, wann sie mich
einsperren wollen?«
»Nächsten Freitag.«
»Aber da ist doch Flohmarktwochenende.«

Jule nickt und macht eine kurze Pause, bevor sie sagt:

»Und ich weiß auch, warum.«

Ich schaue Jule mit großen Augen an.

»Wenn **FLOHMARKTWOCHENENDE** ist, kommt an diesem Freitag keiner, um die Toiletten zu putzen. Weil am Samstag ohnehin alle Besucher des Flohmarkts die Toiletten der Schule besuchen. Erst am Samstag rückt dann die Putzkolonne an.«

»Aber was machen wir denn jetzt?« Ratlos lasse ich den Kopf in die Hände sinken.

»Moment mal ...« Jule kaut auf ihrer Unterlippe, als hätte sie gerade den besten Einfall aller Zeiten.

»Was ist denn?«

»Momentchen!«

»Ja?«

»Ich habe eine Idee«, sagt Jule und grinst.

»Dem Magnus werden wir einen richtigen Schrecken einjagen.«

Der Prank des Jahrhunderts!

Die folgende Woche vergeht wie im Flug. Im
Sachunterricht lernen wir bei Herrn Rüdiger, wie
man Sternbilder erkennt, und in Deutsch sollen
wir eine Geschichte erfinden und niederschrei-
ben. Ich denke mir eine Drachengeschichte aus,
die in Malinor spielt, dort, wo auch mein Sammelkartenspiel stattfindet. Herr Rüdiger ist so
angetan von der Geschichte, dass er mir eine
Eins gibt. Von Magnus bekomme ich nicht viel
mit. Er hält sich erstaunlich zurück. Aber ich
weiß natürlich, warum.

Endlich ist Freitag. Mir ist mulmig zumute, als
ich nach der letzten Schulstunde an meinen
Spind gehe. Aber ich weiß in dem Moment,
dass über mir mein Schutzengel wacht und
mich durch ein **Guckloch** beobachtet.
 Ich lasse mich also absichtlich von Magnus
und seinen beiden unterbelichteten Schwach-
köpfen Cora und Ottis in die Toilette sperren.
»Hast du heute gar nicht deinen Oma-Pullover
an?«, äfft Ottis.
»Morgen früh darfst du wieder raus, Stadt-
arsch«, ruft Magnus und wirft mir noch einen
labbrigen Apfel vor die Füße.

»Wir wollen ja nicht, dass du uns verhungerst.
Und wenn du Durst hast, weißt du ja, wo die
Toilette ist!« Dann drängen sie laut lachend aus
der Toilette und ich höre, wie sich der Schlüssel
im Schloss dreht.

Ich bin gefangen.
Doch keine fünf
Minuten, nachdem
Magnus und seine
Idiotengang abgezo-
gen sind - und den-
ken, sie hätten den
kolossalsten Prank

aller Zeiten ausgeheckt -, dreht sich das Toilet-
tenschloss und die Tür schwingt auf.

Jule steht im Türrahmen und hält grinsend einen **Schraubenzieher** in die Höhe. »Jule Nussbaum! Immer zur Stelle, wenn es eng wird.«
Wir laufen, wie wir es geplant haben, in den
Klassenraum und schnappen uns Freund Hein.
In meinem Spind habe ich extra ein zweites Kla-
mottenset deponiert. Freund Hein wird von uns
komplett eingekleidet. Am Ende setze ich ihm
sogar eine meiner alten Mützen auf.
»Der alte Knabe sieht gut aus«, ruft Jule und
nickt zufrieden.

Kichernd rollen wir das Skelett in die Toilette und legen es auf den Boden.
»Magnus wird vor Schreck mit den Zähnen klappern!«

Auf dem Nachhauseweg muss ich mehrmals schmunzeln. Papa ist früher nach Hause gekommen und hat einen riesigen Sack Kartoffeln mitgebracht. Wenn Papa mit Kartoffeln anrückt, dann bedeutet das, wir machen einen Van-Het-Veld-Tag. Wir futtern **Pommes mit ketchup** und sehen uns einen alten Film an.

Papa hat dieses Ritual vor Jahren eingeführt, aber seit dem Umzug haben wir es nicht mehr gemacht. Und jetzt fühlt es sich richtig gut an. Heute suche ich den Film aus und ich entscheide mich für **Explorers**, in dem drei Jungs in einer Scheune ein Raumschiff bauen und ins Weltall fliegen. Ich habe den Film schon zigmal gesehen, und immer, wenn ich ihn gucke, will ich sofort selbst etwas bauen und kreativ werden.

Papa grinst, als das Intro des Films über den Fernseher flimmert.

»Das nächste Mal bauen wir ein **Raumschiff** aus Paletten!«

Später lese ich noch in meinem Comic, bevor ich ziemlich müde ins Bett falle. Kurz vor dem Einpennen muss ich noch an Jule denken, die jetzt gerade ganz alleine in der Schule ist. Und mir wird schlagartig bewusst, wie viel Mut es braucht, mutterseelenallein in so einem riesigen, verlassenen Gebäude die Nacht zu verbringen. Aber ich denke auch an Freund Hein, der jetzt mit meinen Klamotten in der Toilette liegt. Da muss ich leise lachen.

8. Lese-Quest: Der Albtraum

Der Flohmarkt

Am nächsten Tag öffnet der Flohmarkt seine Pforten um neun Uhr morgens. Dort, wo normalerweise die Schüler in den Pausen herumtoben, haben die Azwanger Tische aufgebaut. Ich entdecke eine Menge Spielsachen, die von aufgeregten Kindern angeboten werden. Puppen, Spielzeugautos, Sammelkarten, gebrauchte Brettspiele, jede Menge bereits zusammengebautes **Lego** und **Kleinkram**, der dazwischen verstreut liegt. Armbänder, kleine Figürchen, Kinderschmuck und vieles mehr.

Einige Stände haben sich auf Bücher spezialisiert. Anderswo werden Küchengeräte wie Töpfe und Pfannen zum Kauf angeboten. Es scheint, als sei ganz Azwang auf den Beinen, um auf den Flohmarkt zu gehen. Sogar an eine kleine Musikband wurde gedacht, die vor dem Haupteingang der Schule mit Gitarre und Gesang gute Stimmung verbreitet.

Ich bin mit Mama und Papa seit Punkt neun hier, schließlich will ich ja nichts verpassen. Die Eingangstür der Schule steht offen und im Flur neben der Treppe schenkt unsere Lehrerin Frau Blume Kaffee aus und verteilt Kuchen. Auch im Schulflur stehen Tische mit gebrauchten Waren.

Mein Papa läuft schnurstracks in die Menschenmenge hinein und klappert sofort die Tische ab. Er liebt Flohmärkte und ist immer auf der Suche nach alten Büchern oder Filmen. Mama gönnt sich erst mal einen Kaffee und plaudert mit Frau Blume. Ich mache mich sofort aus dem Staub, **schlendere** über den Flohmarkt und gucke, ob ich irgendwo einen Tisch entdecke, auf dem die Malinor-Sammelkarten liegen. Doch ich komme nur langsam voran. Die Händlertische reihen sich dicht an dicht und alles ist mit Menschen vollgestopft.
Zwischen den Besuchern entdecke ich Magnus, der mit einem Mädchen unterwegs ist. Die beiden unterhalten sich und lachen immer wieder. Ich stelle mich an einen mit alten Taschenuhren übersäten Tisch. Ein Mann neben mir versucht, den Händler zu überreden, ihm eine alte Spieluhr billiger zu verkaufen.

Doch er scheint auf Granit zu beißen, denn der Händler schüttelt nur den Kopf. Ich stelle mich so hin, dass ich Magnus hinter dem Mann beobachten kann. Von Ottis und Cora keine Spur. Wer ist dieses Mädchen bei Magnus? Sie ist älter als er, vielleicht vierzehn, und trägt ein **Band-T-Shirt** von einer Musikgruppe, die ich nicht kenne.

»Hilfe, da ... da ... da liegt ein Toter!«
Ein älterer Herr mit Schnurrbart stürzt plötzlich keuchend aus der Schule.
Schlagartig verstummt der ganze Schulhof und alle drehen sich zu dem aufgeregten Mann um.

»Was sagst du da, Konrad?«, ruft Rektor Kronstich mit kreideweißem Gesicht.
»Ja doch, wenn ich es sage. Auf der Toilette liegt ein Toter!«

Ich beobachte weiter Magnus, der jetzt gar nicht mehr gut gelaunt aussieht. Er jagt wie von einer Tarantel gestochen ins Schulgebäude. Das Mädchen sieht ihm ungläubig nach. Rektor Kronstich und Frau Blume laufen hinterher.

Ich kann mir ein Schmunzeln nicht verknei-
fen und balle die Faust, wie es **Fußballer** oft
machen, wenn sie ein Tor geschossen haben.
Ich folge Magnus. Immer mehr Schaulustige
strömen in die Schule und drängen sich vor der
Toilette. Magnus' Gesicht ist kreideweiß und er
steht mit hängenden Schultern neben der Toilette. Jetzt kommen auch Ottis und Cora heran. Sie schlagen die Hände vors Gesicht und
schauen teilnahmslos ins Leere.

Der Schnurrbartmann erscheint wieder und
kann sich nicht beruhigen.
»Der muss schon seit Jahren tot sein!«, ruft er
und **ZITTERT** am ganzen Körper. »Der ist ja nur
noch ein Skelett.«
»Soso«, sagt Rektor Kronstich schließlich, der
offenbar rasch begreift, was los ist. »Da hat
sich offenbar jemand einen bösen Scherz er-
laubt!«
Immer mehr Schaulustige drängen herein, um
den »Toten« zu sehen. Schnell aber verbreitet
sich die Nachricht, dass es sich bloß um einen
Streich handelt. Einige Besucher schütteln er-
bost den Kopf, andere kichern. Es braucht eini-
ges an Geduld, um den alten Mann, der Freund
Hein entdeckt hat, zu beruhigen.

Rektor Kronstich versichert, dass er »schon herausfinden wird«, wer dafür verantwortlich ist. Einen Moment lang fürchte ich, dass wir es vielleicht zu weit getrieben haben. Doch dann denke ich an Magnus und wie er versucht hat, mich fertigzumachen. Und das völlig ohne Grund. Nein, sage ich mir, Magnus und seine beiden Freunde haben bekommen, was sie verdient haben.

Schließlich bringt Frau Blume das Klappergestell in den Klassenraum zurück. Ich kann schwören, dass sie dabei schmunzelt!

Und Magnus?

Tja, natürlich erzählt Magnus niemandem von seinem missglückten Prank. Und auch ich halte dicht und verliere kein **STERBENSWÖRTCHEN** über Freund Hein.

Nachdem sich der Trubel um Freund Hein gelegt hat, spaziere ich über den Flohmarkt und entdecke endlich den Tisch, auf dem die alten Malinor-Sammelkarten liegen. Der Mann hinter dem Stand muss Herr Kotter sein. Mein Herz trommelt gegen meinen Brustkorb. Was, wenn mich der alte Mann erkennt? Schließlich bin ich zweimal auf seinem Grundstück gewesen.

Schon will ich davonlaufen, als ich mich an Jules »Egalomenno« erinnere.

Jetzt oder nie, sage ich mir, stelle mich an den Tisch des Alten und zeige auf die Malinor-Karten.

»Ähm, wie viel wollen Sie für diese alten Karten haben?«

Herr Kotter runzelt die Stirn, zieht eine Brille aus seiner Hemdtasche und sein Blick folgt meinem ausgestreckten Zeigefinger.

»Du meinst diese Malinor-Karten der Erstauflage, von denen weltweit nur **333 Stück** produziert wurden?«

Ach du Kacke, der Alte weiß wirklich, wovon er spricht.

»Um genau zu sein, wurden nur 332 Stück hergestellt«, korrigiere ich ihn und komme mir im gleichen Moment unendlich doof dabei vor, so klugzuscheißen.

Er sieht mich durchdringend an.

»Weil das erste Booster-Pack ein Probedruck war und noch in der Fabrik vernichtet wurde.« Der Mann lächelt, sodass seine buschigen Augenbrauen tanzen.

Er bietet mir einen Stuhl an und die nächste halbe Stunde unterhalte ich mich mit Herrn Kotter über Malinor-Sammelkarten. Er weiß unglaublich viel darüber.

Irgendwann kommt auch noch ein anderer Junge dazu, der einen dicken Gips an seinem linken Bein trägt. Der Junge lehnt seine Krücken an den Tisch und zieht ein Päckchen Malinor-Karten aus seiner Hosentasche.
»Hi, ich bin Matheo! Sammelst du auch?«
Und so lerne ich meinen **neuen Sitznachbarn** in der Schule kennen, der zufällig auch leidenschaftlicher Sammler ist.
Irgendwann sagt Herr Kotter: »Wisst ihr was, Jungs? Ich überlasse euch die Karten.«
»Einfach so?«, ruft Matheo und sein Mund bleibt offen stehen.
»Einfach so!«
Herr Kotter nimmt die Karten in die Hand und stellt eine alte Vase an ihren Platz auf dem Tisch.
»Die Karten liegen jetzt schon so lange in meinem Laden und haben langsam Staub angesetzt.« Er gibt jedem von uns einen Booster, den wir mit angehaltenem Atem wie eine Kostbarkeit entgegennehmen.

»Wisst ihr, Sammeln macht nur dann Spaß, wenn man die Dinge auch wieder hergeben kann.«

Matheo reißt die Verpackung sofort auf und guckt, welche Karten darin sind. Ich lasse das Päckchen zu. Ein **seltsames** Gefühl sagt mir, dass dies jetzt nicht der richtige Zeitpunkt ist. Wir bedanken uns bei Herrn Kotter und laufen noch eine Weile zusammen über den Flohmarkt. Dann muss Matheo los. »Wir sehen uns am Montag in der Schule.«

Mama und Papa stehen bei ein paar anderen Eltern und essen Kuchen. Besonders Mama sieht richtig glücklich aus. Ich glaube, sie vermisst ihre Freundinnen aus der Stadt auch.

Also beschließe ich, alleine nach Hause zu gehen. Bevor ich den Flohmarkt verlasse, denke ich aber kurz daran, Jule auf dem Dachboden zu besuchen. Gern würde ich mit ihr zusammen den Malinor-Booster öffnen. Doch ich entscheide mich dagegen. Es sind viel zu viele Menschen hier, die mich sehen könnten.
Das Geheimnis um Jule muss bewahrt werden.

Auf dem Nachhauseweg weht der Wind ein kleines bisschen kühler als sonst. Ich schlendere über die Straße zu dem kleinen Park und bleibe vor dem Spielzeugladen stehen. Eine alte Frau grüßt mich und zieht ihren Pudel hinter sich her. Zum ersten Mal, seit wir hierher gezogen sind, fühle ich mich willkommen hier. Ein **wohliges Kribbeln** zieht meinen Rücken hoch. Zuhause werde ich sofort ein neues Wort unter den Lach-Smiley schreiben: Azwang.

Als ich die Treppe hochsteige (vier Stufen auf einmal!) holt mich plötzlich jemand ein und steht neben mir. Es ist das Mädchen, das auf dem Flohmarkt mit Magnus unterwegs gewesen ist. Oh, Kacke! Hat sie mir aufgelauert? Doch noch bevor ich meinen nächsten Schritt planen kann, sagt sie: »Das war wirklich 'ne coole Nummer!«

»Äh, was?« Habe ich mich verhört?

»Die Show mit dem Skelett. Das war richtig genial!« Ihr Mund formt sich zu einem Lächeln.

»Äh … danke!«, stammele ich.

Das Mädchen macht eine Kaugummiblase und lässt sie platzen.

»Du bist Sedric, nicht wahr?«

Ich nicke.

»Mein Bruder kann ein richtiger DUMMBEUTEL sein.«

»Du meinst Magnus?«

»Er war nicht immer so, weißt du? … Wir sehen uns!«

Dann verschwindet sie hinter der Straßenecke.

Ende

Das ist also meine erste Zeit in Azwang gewesen. Es hat eine ganze Weile gedauert, bis es gut lief. Seit der Sache mit Freund Hein lässt mich Magnus in Ruhe. Nicht, dass er mein Freund geworden wäre, nein. Er ignoriert mich jetzt. Doch damit kann ich gut leben.

Ich freue mich jede Woche aufs Wochenende. Denn dann laufe ich die Treppe ins Dorf hinunter, nehme den Weg am Fabrikgelände vorbei und folge dem Flusslauf bis zum kleinen Wäldchen. Das angelehnte Kellerfenster ist wie eine Pforte in eine **geheime Wunderwelt**.

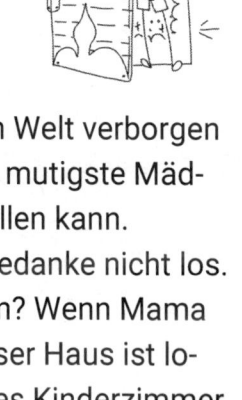

Eine Welt, die vor der normalen Welt verborgen ist und in der das netteste und mutigste Mädchen lebt, das man sich vorstellen kann.
Und trotzdem lässt mich ein Gedanke nicht los. Was, wenn ich Jule helfen kann? Wenn Mama und Papa Jule adoptieren? Unser Haus ist locker groß genug für ein weiteres Kinderzimmer. Ich nehme mir fest vor, Jule von meiner Idee zu erzählen.

Ihr seht, es gibt noch viel zu tun hier. In dem **langweiligsten** Kaff der Welt, das gar nicht soooo langweilig ist. Aber davon erzähl ich euch ein anderes Mal. Also, macht's gut. Und bis bald!

Erste Skizze, Jule Nussbaum

JULE
NUSSBAUM

Die Lese-Quests

Lies die Abschnitte auf den
folgenden Seiten am besten erst,
wenn du im Buch dazu aufgefordert wirst.

Die Tipps sind spiegelverkehrt geschrieben.

1. Abschied – Wehmütig schaue ich auf den Wohnblock, in dem ich die letzten zehn Jahre verbracht habe. Alles ist mir so vertraut. Die kleine Treppe zur Eingangstür hoch, auf der ich im Sommer immer mit meinen Freunden saß, um Malinor zu spielen. Die Klingelplatte mit den ausgeblichenen Namen der schneeweißen Postfächer. Sogar das hässliche Gestrüpp, das den Wohnblock vom Gehsteig abgrenzt, werde ich vermissen.

Im Erdgeschoß brennt bereits Licht. Herr Steiner, einer der Mieter, zieht den Vorhang beiseite und winkt mit erhobener Hand. Ich habe kaum je ein Wort mit dem alten Knaben gesprochen. Doch jetzt kommt er mir wie ein guter Freund vor. Als wir schließlich am Haus von Gregor vorbeifahren, ist meine Stimmung absolut im Keller.

Frage: *Als wir aus der Stadt fahren, guckt uns ein Tierchen nach? Hast du es entdeckt? Schreib den dritten Buchstaben des Tieres auf.*

Tipp:

Schau dir die Illustrationen im zweiten Kapitel genau an.

2. Gruselcomics – Ihr müsst wissen, ich liebe Gruselcomics über alles. Mein Onkel Oskar hat mir mal aus seiner Kindheit einen riesigen Stapel Gruselcomics geschenkt. Papa wollte die Hefte vor dem Umzug in den Altpapiercontainer werfen, aber ich konnte sie gerade noch in Sicherheit bringen. Jetzt liegen sie gut versteckt in einem meiner Umzugskartons im Kofferraum.

Frage: *Die wievielte Ausgabe der „Gruselzeit" hängt als Poster in der Auslage? Notiere dir die zweite Ziffer.*

Tipp:

Schau dir das Poster in der Auslage genau an. Kannst du die römischen Buchstaben entziffern?

3. Der verlassene Bahnhof – Ole, Gregor und ich hatten einmal einen leerstehenden Bahnhof am Rand der Stadt entdeckt. Das war kurz vor den Winterferien. Ganze drei Tage lang erforschten wir das Gebäude. Wir fanden Zugtickets, die über zwanzig Jahre alt waren, einen vergilbten Schienenplan, eine kaputte Trillerpfeife, Unmengen an vollgekritzelten Zetteln und sogar eine zerknitterte Schaffnermütze. Gregor war so angetan von dem ganzen Krimskrams, dass er sich zu Weihnachten eine Modelleisenbahn wünschte.

Und so entstand in den darauffolgenden Wochen in Gregors Zimmer eine richtige kleine Miniatur-Landschaft mit Schienennetz, Zügen, Bergen aus Pappmaschee und kleinen Figürchen, die wir aus Knetmasse formten. Einmal kam Gregors verrückter Kater Leblauser ins Zimmer getrottet und klatschte den heraneilenden Zug mit einem Pfotenhieb aus den Schienen. Danach legte er sich hin und kaute genüsslich an einem der Papierhäuser, die Ole und ich kurz zuvor angemalt hatten. Wir haben Tränen gelacht.

Frage: *Wie viele Sprossen müsste Leblauser nach oben steigen, wenn er zum Globus gelangen wollte? Notiere dir die zweite Ziffer!*

Tipp:

Hast du dir das Buchcover schon mal genauer angeschaut?

4. Übernachtung in der Schule – Unsere Schule in der Stadt hatte die modernste Turnhalle in der Umgebung. Mit Hochseilgarten, ausklappbaren Fußballtoren und Volleyballnetz. Einmal haben wir dort sogar mit der ganzen Klasse übernachtet. Könnt ihr euch das vorstellen? 23 Kinder mit Schlafsäcken, die im Turnsaal auf den Turnmatten schlafen? Das war echt megacool! Unsere Lehrerin, Frau Mitterstieler, hat abends dann für alle Kinder Pizza bestellt, und zum Einschlafen haben wir uns ein spannendes Hörspiel angehört. Ob sie das in Azwang auch so machen?

Frage: *Wusstest du, dass jedes Buch eine eigene Nummer hat, die es einzigartig macht? Auch das Buch, dass du gerade in der Hand hältst. Findest du diese Nummer? Notiere dir die sechste Ziffer!*

Tipp:

Bücher haben eine ISBN-Nummer, die man meist am Anfang oder Ende eines Buches findet.

5. Eidechse – Auf dem Nachhauseweg kommt mir eine Unterhaltung in den Sinn, die ich mit Jule an diesem Nachmittag geführt habe. Wir saßen gerade nebeneinander auf dem Dachboden und aßen Pudding aus einem riesengroßen Topf. »Grüße von Mirzet, dem besten Koch der Welt!«, sagte Jule.

Nach einer ganzen Weile, in der wir genüsslich den gelben Wackelbrei in uns reinstopften, wurden Jules Augen plötzlich glasig.
»Weißt du, Sedric«, begann sie, «die Kinder im Waisenhaus haben Eidechse zu mir gesagt!«
Ich starrte Jule mit offenem Mund an. Ich weiß nur zu gut, dass Kinder oft grausam und ungerecht sein können. Doch bevor ich noch etwas sagen konnte, hatten sich Jules Augen bereits mit Tränen gefüllt.
»Sie haben gesagt, meine Augen stehen zu weit auseinander.«

Ich nahm den Löffel aus dem Mund und drehte mich zu Jule. Mir guckte ein rundes, freundliches Gesicht entgegen, das jetzt mit den Tränen noch lieber aussah. Ich konnte nicht die geringsten Anzeichen von weit auseinanderstehenden Augen erkennen.

»Ach, die spinnen doch«, sagte ich und pinselte mir mit dem Löffel einen Puddingklecks auf die Nase. Was Besseres fiel mir einfach nicht ein. Jule prustete los. Sie lachte über beide Backen, sodass ihre rot lodernden Haare umherwirbelten.

Dann wechselte Jule das Thema und erzählte mir von einem alten Grafen, der früher in Azwang gewohnt hatte. Sein Anwesen war das größte und schönste im ganzen Ort. Und da erkannte ich, dass Jule manchmal einfach jemanden brauchte, mit dem sie quatschen konnte.

Frage: *Kannst du den Nachnamen des Grafen herausfinden? Scheibe dir den vierten Buchstaben auf.*

Tipp:

Schau dir mal die Landkarte von Azwang genauer an. Wo würde am ehesten ein Graf wohnen?

6. Dodo, der Grottenolm – Als ich noch im Kindergarten war, hat mir Papa oft eine Gutenacht-Geschichte erzählt. Darin ging es um Brahms, einen blinden Grottenolm, der beschließt, seine dunkle Höhle zu verlassen und die Welt zu erkunden. Aber weil er ja blind ist, ist er von anderen Tieren abhängig, die ihm die Welt beschreiben. Brahms wird traurig, als er erkennt, dass er nie die Sonne, das Meer oder einen Baum wird sehen können. Aber eines Tages trifft Brahms auf Dodo, einen merkwürdigen Vogel, der nicht fliegen, dafür aber wundervoll singen kann. Und so vergehen die Jahre, in denen Brahms von Dodo das Singen lernt. Am Ende der Geschichte kehrt Brahms wieder in seine Höhle zurück, um den anderen Grottenolmen den Zauber der Musik näherzubringen. Ich will Jule die Geschichte unbedingt mal erzählen.

Frage: *Irgendwo in Azwang ist eine Musiknote versteckt! Kannst du sie finden? Notiere dir den dritten Buchstaben des Ortes, wo die Note zu finden ist!*

Tipp:

Wo würdest du dir im Sommer im Azwang am ehesten Eis holen?

7. Erwischt – »Einmal hat mich jemand in der Schule gesehen«, erzählte mir Jule eines Tages. »Ich habe nicht aufgepasst und da stand auf einmal Herr Rüdiger vor mir auf der Treppe.«

»Der ist gar nicht mal übel«, sagte ich. „Also was er über Mobbing sagt und so.«

Jule nickte.

»Und was hat er zu dir gesagt?«, fragte ich und stellte mir vor, wie der große, spindeldürre Herr Rüdiger auf Jule niederguckte.

»Er hat gefragt, warum ich noch hier bin, und da habe ich ihm erzählt, dass mein kleiner Bruder seine Lieblingsmütze im Spind vergessen hat.«

»Und er hat dir geglaubt?«

»Natürlich. Denk mal nach. Was ist realistischer? Ein Mädchen, das die Lieblingsmütze des Bruders holt, oder ein Waisenkind, das alleine am Dachboden der Schule wohnt?«

Frage: *Diese Lese-Quest enthält ein Wort, aus dessen Buchstaben du das Wort „Peter" formen kannst. Welches Wort meine ich? Schreib dir den zweiten Buchstaben dieses Wortes auf.*

Tipp:

In Österreich sagt man zum gesuchten Wort „Stiege".

8. Der Albtraum – In dieser Nacht habe ich einen fiesen Albtraum. Im Traum bin ich erwachsen und arbeite als Höhlenforscher. Ich stecke in einem Taucheranzug. Es ist einer dieser schwarzen Neoprenanzüge, wie ihn auch echte Taucher bei ihren Tauchgängen tragen. Ich gleite durch einen dunklen See, um nach irgendetwas zu suchen. Was genau, weiß ich nicht. Der Lichtkegel meiner Taschenlampe verwandelt das trübe Wasser vor mir in eine grelle Nebelsuppe. Plötzlich taucht ein riesiger Grottenolm auf, aber anstatt seines glatten, augenlosen Kopfes hat der Olm zwei aufgeklebte Augen auf seinem Schädel. Es sind genau die gleichen Augen, die mir Jule auf den Jutebeutel geklebt hat. Als ich schweißgebadet aufwache, ist es bereits Morgen und ich höre Mama, wie sie im Erdgeschoß das Frühstück herrichtet.

Frage: *Kannst du herausfinden, wie das Unterseeboot heißt? Schreib dir den vierten Buchstaben dieses Wortes auf.*

Tipp:

Guck dir alle Illustrationen im Buch genau an.

Hast du alle Lese-Quests gelöst?
Dann hast du jetzt das achtstellige
geheime Passwort.

Gehe auf
www.franz-zwerschina.de/jule-nussbaum
und gib dort das Passwort ein.
Es erwartet dich eine coole Überraschung!

AZWANG

Burg Jahnestein

alte Windmühle

Grottenolm-Höhlen

Sedrics neues Haus

Eisenwerk

Olmsee

Magnus

Schule

Einkaufsladen